围棋与景德镇

洪维平　施卫东　饶文彬　编著

中国纺织出版社有限公司

内 容 提 要

本书讲述与千年瓷都景德镇相关的围棋历史、传说、故事，结合景德镇社会、经济、文化、体育的发展，全面介绍景德镇的围棋历史发展、文化、赛事、活动、人物、事件。

上篇旨在向世界推介千年瓷都景德镇，重点介绍景德镇悠久的历史、厚重的陶瓷文化、丰富的旅游资源以及日新月异的城市发展。下篇挖掘整理了景德镇围棋的源流与传说，介绍了近年来在景德镇举办的全国性重要围棋赛事、景德镇群众围棋活动、景德镇围棋人物、棋坛故事等，其中介绍陶瓷文化与围棋文化交融结合一章在整个《围棋与名城》丛书中具有显著的景德镇地方特色。

图书在版编目（CIP）数据

围棋与景德镇／洪维平，施卫东，饶文彬编著 . -- 北京：中国纺织出版社有限公司，2023.1
ISBN 978-7-5229-0316-3

Ⅰ. ①围… Ⅱ. ①洪…②施…③饶… Ⅲ. ①围棋—体育文化—景德镇 Ⅳ. ①G891.3

中国国家版本馆 CIP 数据核字（2023）第 020789 号

责任编辑：张 宏　　责任校对：高 涵　　责任印制：储志伟

中国纺织出版社有限公司出版发行
地址：北京市朝阳区百子湾东里 A407 号楼　邮政编码：100124
销售电话：010—67004422　传真：010—87155801
http://www.c-textilep.com
中国纺织出版社天猫旗舰店
官方微博 http://weibo.com/2119887771
三河市宏盛印务有限公司印刷　各地新华书店经销
2023 年 1 月第 1 版第 1 次印刷
开本：880x1230　1/32　印张：8.75
字数：192 千字　定价：95.00 元

凡购本书，如有缺页、倒页、脱页，由本社图书营销中心调换

《围棋与景德镇》编委会

序　言/Preface

　　《围棋与景德镇》一书即将出版，这是景德镇围棋界的大事，可喜可贺！

　　十几年来，因为参加赛事活动等原故，我多次来到景德镇这座享誉世界的千年瓷都，亲身感受到了瓷都围棋活动的浓厚氛围，亲眼见证了瓷都围棋的发展历程，也与瓷都围棋界的朋友作了广泛交流。

　　诚如《围棋与景德镇》一书中所记载的，景德镇不仅是一座陶瓷文化积淀深厚的国际瓷都，围棋文化也有悠久的历史。十几年来，在景德镇市围棋协会的组织推动下，围棋活动开展得有声有色，各种赛事频繁举办，围棋普及卓有成效，为景德镇在 2016 年获评"全国围棋之乡"奠定了坚实基础。当然，这一切与景德镇各级领导、各相关部门以及全社会的关心支持是分不开的。

　　中国围棋协会及江西省围棋协会多年来对景德镇围棋活动给予了极大关注和专业指导，对其发展的良好态势亦予以充分肯定。

　　众所周知，围棋与陶瓷均为中国国粹，系中国传统文化的重要组成部分，二者均为与世界对话的重要平台，亦是中华文明与全球文明交流互鉴的重要载体。自古以来，景德镇陶瓷艺术作品中就有不少反映围棋活动的内容。的确，围棋

1

文化与陶瓷文化有诸多相通之处，二者相互借鉴、相互交融，是一件很有意义的事情。

可喜的是，景德镇市围棋协会在这方面做了一些有益的探索，瓷都围棋界和陶瓷界的朋友也为此付出了很大努力并取得了初步成果。这一点，在本书内容中得到了充分体现。我以为，这是本书的一大地方特色。

我由衷地为《围棋与景德镇》一书的出版感到喜悦，对编委会及撰稿人的辛勤工作深表敬意。相信此书的出版一定会为瓷都围棋事业再创佳绩加油助力，为中华围棋文化和陶瓷文化的再创辉煌增光添彩！

中国围棋协会原主席 王汝南

2022 年 8 月

目 录/Contents

上篇

千年瓷都　文化名城

第一章　瓷都景德镇

第一节　城市名片

国家首批历史文化名城　全国文明城市　国家卫生城市 全国围棋之乡

国家版权示范城市　国家产教融合试点城市　世界手工 艺与民间艺术之都

全国双拥模范城　全国社会治安综合治理优秀地市　中 国优秀旅游城市

中国人居环境范例奖　国家森林城市　国家园林城市 国家生态文明建设示范市

全国绿化模范城市　全国群众体育先进单位　全国残疾 人文化体育示范市

江西省园林城市　江西省文明城市　江西省生态园林 城市

全省社会治安目标管理先进市和平安市　中国最具魅力 文化旅游城市

景德镇，世界瓷都，江西省地级市，位于江西省东北 部，西北与安徽省东至县交界，南与万年县为邻，西同鄱阳 县接壤，东北倚安徽省祁门县，东南和婺源县毗连。总面积

5256平方千米。民国时期曾与广东佛山、湖北汉口、河南朱仙并称"全国四大名镇"。

一、自然地理

景德镇市处于黄山、怀玉山余脉、鄱阳湖平原过渡地带。处于皖（安徽）、浙（浙江）、赣（江西）三省交界处，是浙赣皖重要的交通枢纽中心城市之一。

景德镇紧邻安徽省，坐落在黄山、怀玉山余脉与鄱阳湖平原过渡地带，地势四周高中间低，形似盆地。最高峰五股尖海拔1618米。河川纵横交错，第二长河流昌江，全长210千米，自北向南越境而过；最长河流乐安河，全长240千米，向北汇入鄱阳湖。属亚热带季风气候，自然资源丰富，生态环境优越，森林覆盖率达67.85%。

二、区域交通

景德镇市位于"六山两湖"（庐山、黄山、九华山、三清山、龙虎山、武夷山及千岛湖、鄱阳湖）的中心区，拥有皖赣铁路，杭瑞、景鹰、德昌、景婺黄四条高速公路，九景衢铁路的开通结束了景德镇市无动车的历史；景德镇机场是全国100个重点支线机场之一，立体交通网络已经形成。

三、人口区划

景德镇市下辖乐平市、浮梁县、珠山区、昌江区和高新区、昌南新区两个园区。有13个街道、39个乡镇、214个社区居委会、473个村委会。据人口抽样调查，2021年年末，全市常住人口162.06万人，其中城镇人口106.85万人。

第二节　跨越千年

景德镇在春秋战国时期地属楚国东南境，秦属九江郡番县，汉属豫章郡鄱阳县，三国时为吴地，东晋设镇，始称"昌南"，汉易名"新平"，辖于江州，唐天宝元年（公元742年）更名"浮梁"，北宋赵恒景德元年（公元1004年）定名"景德镇"，辖于浮梁县。1949年4月29日，景德镇解放，随后从浮梁县分出，置景德镇市，1960年，浮梁县并入景德镇市，成为市郊区。1983年7月，上饶地区的乐平县、原波阳县（即鄱阳县）的鲇鱼山乡和荷塘垦殖场同时划属景德镇。1988年10月，浮梁县恢复建制。1992年9月，乐平县被批准撤县建市（县级市）。

第三节　日新月异的今日瓷都

国家首个文化旅游类试验区建设三年上台阶；全国文明城市、全国版权示范城市、国家产教融合试点城市等20余项"国字号"荣誉收入囊中；城市美景如画，彻底摘除"草鞋码头"称号；"大众创业""万众创新""干部创先"热潮奔涌……

党的十八大以来的十年间，是景德镇发展史上最具里程碑意义的重要时期。景德镇坚定践行新发展理念，抢抓机遇、踔厉奋发，努力讲好新时代的"瓷都故事"。

一、城市建设升级

2015 年，景德镇市提出"抓环境就是抓发展，抓发展必须抓环境"理念。此后，大力开展城乡环境综合整治，为城市"洗脸"，给农村"洗脚"；实施城市"双修"，大力修复城市生态和修补城市功能；全力创建全国文明城市和国家卫生城市。实践证明，这场大刀阔斧的行动是正确有效的，补齐了城市功能短板，提升了城市品质，增强了民生福祉。近年来，景德镇市先后实施了近 600 个城市功能品质提升项目，建成了一大批生态项目和城市绿地、公园，完成了中心城区 300 多万平方米棚户区改造，建设了 30 多千米地下综合管廊，改造了 239 条背街小巷，建设了 160 座公厕，打通了 40 多条断头路，新建了 3 个高校新校区和 30 所中小学、幼儿园，新建改建 11 个体育场馆。2019 年 11 月，生态环境部授予景德镇市"国家生态文明建设示范市"称号；2020 年 11 月，景德镇入选第六届全国文明城市；2021 年 1 月，景德镇被正式命名为"国家卫生城市"。

二、陶瓷文化创新发展

文化是城市的根与魂。在千年窑火中，景德镇铸就了"汇各地良工之精华、集天下名窑之大成""工匠八方来、器成天下走"的独特文化现象。

景德镇陶瓷文化自信与生俱来，一场"铸魂"行动更是使这座城市从文化自信走向了文化自强。2018 年，江西省委十四届六次全会赋予景德镇新的使命："要深度挖掘千年瓷都的人文底蕴，把景德镇打造成冠领中国、代表江西走向世界,世界感知中国、认识江西的国际瓷都。"2019 年,景德镇国家陶瓷文化传承创新试验区获国务院批准,围绕国家陶瓷文化保护传承创新基地、世界著名陶瓷文化旅游目的地、国际陶瓷文化交流合作交易中心等"两地一中心"目标定位启动国家试验区建设。

多年来,景德镇十分重视陶瓷文化保护传承与创新发展。早在 2015 年,就启动御窑遗址申报世界文化遗产工作。开启国家试验区建设后,申遗按下快进键,并以此为龙头开展全市范围内大遗址保护。不仅对御窑遗址范围内 13.1 公顷核心区、80 公顷延伸区、240 公顷"陶阳十三里"老城区进行保护,还实施近现代陶瓷工业遗产综合开发,并广泛开展非物质文化遗产代表性传承人、项目和生产性保护示范基地培育。从此,沉睡千年的文物"活"了起来。

多年来,景德镇不懈实施文旅融合。依托国家试验区建设,将文化优势转化为旅游发展优势。坚持项目引领,投资2766 亿元启动 178 个重点项目建设,建成陶阳里御窑景区、陶溪川文创街区、三宝国际瓷谷等一大批标杆式文旅项目,打造"十五景、三宴、三剧"特色文旅品牌。其中,陶阳里御窑景区拟入选第二批国家级夜间文化和旅游消费集聚区;陶溪川文创街区获评全国第一批国家级文化产业示范园区;三宝国际瓷谷入驻 200 余家文化创意个体,是"景漂""景归"的主要聚集地。2019 年,该市荣膺"最美中国文化旅游城市"称号。

多年来,景德镇以无比开放的胸怀推进文化交流与合作。坚持文化"走出去""请进来",积极参与感知中国、今日中国等外事外交文化活动,在德国、南非、荷兰举办景德镇陶

瓷文化展，在欧洲六国以及日本、韩国等国家和地区搭建
"丝路瓷行"交流平台。连续举办了十八届的中国景德镇国
际陶瓷博览会，已经与72个国家180多个城市建立了友好关
系，加入了全球创意城市网络，成为联合国海陆丝绸之路城
市联盟首批创始成员，荣膺"世界手工艺与民间艺术之都"
称号。

三、经济发展量质双升

党的十八大以来，景德镇不断调整产业结构，构建"陶
瓷、航空、精细化工和医药+文化旅游+其他优势产业"的
"3+1+X"特色产业体系，令产业发展迸发新活力。据统
计，"十三五"期间，景德镇地区生产总值年均增长7.4%。
2021年，景德镇地区生产总值较2020年增长8.7%，首次突
破千亿元大关。

景德镇将陶瓷、航空、精细化工和医药作为主导产
业，立足陶瓷产业优势，实施"陶瓷+"战略，与旅游、科
技、智能制造等深度融合，通过组建陶瓷集团，建设陶瓷总
部基地、智造工坊、特种工业陶瓷技术研究院等平台升级产
业赛道。2021年，陶瓷产业营业收入突破500亿元；接待游
客5331.65万人次，比2020年增长137.23%；旅游总收入
479.44亿元，比2020年增长31.93%。

2022年7月12日，江西天新药业股份有限公司在上海
证券交易所主板上市，成为景德镇市继黑猫股份、世龙实业、
富祥药业、宏柏新材之后又一家A股上市的精细化工和医药
企业。近年来，景德镇市立足基础化工、维生素、医药中间
体、新材料、生物医药五大优势产业链，推进产业集聚和规

模提升。2021 年，景德镇市精细化工和医药产业营业收入接近 550 亿元。

作为我国最主要的直升机研发和总装生产基地之一，景德镇高标准建设国家军民融合示范区，以打造航空小镇为依托推动航空产业集群，现已形成 3 家整机生产企业、2 家通航企业、近 40 家航空零部件企业的产业规模。据统计，2021 年，景德镇市航空产业营业收入突破 270 亿元。

与此同时，景德镇于 2021 年全面启动工业倍增三年行动，凝心聚力抓项目、招商和营商环境，使工业经济发展驶入快车道。

2022 年 2 月以来，景德镇市各县市区频频举行重大项目签约、开工、投产活动。乐平市永泰汽摩机电工业小镇不到 1 年便建成并招引 15 家企业入驻，浮梁县以晴 5G 数字经济产业园仅用 84 天封顶、99 天实现生产线试运行等实例，生动演绎了"景德镇速度"。

第二章　秀美县区

第一节　乐平市

乐平，位于江西省赣东北腹地，处赣东北丘陵山地向鄱阳湖平原过渡地带，乐安河中游地区。市域总面积1980平方千米。全市共设2个街道办、15个镇、1个乡、1个农科园和1个大型水库管理局。2019年年末，全市户籍人口94.8万人，其中城镇人口35.35万人，户籍人口城镇化率37.29%；全市常住人口85.6万人，其中城镇人口50.55万人，常住人口城镇化率59.06%。

历史发展源远流长。乐平旧石器时代已有人类栖息，春秋战国时期先后属吴、越、楚，初属番邑，后属余汗县，公元178年拆余汗县东北境置乐平县，治银城堡，因"南临乐安江，北接平林"而名，寓意"欢乐太平"。195年县治迁泊口（今戴村），改名乐安县，560年废乐安县入鄱阳县，581年以原乐安县域置银城县，仍治泊口，591年废银城县再入鄱阳县，621年复乐平县，626年废，又入鄱阳县，716年重建乐平县，治长乐水（今铜山港口），883年迁县城至花靥镇（今老城区）。1992年9月撤县设市。

矿产资源十分丰富。乐平矿产资源丰富，已探明的矿藏有煤、锰、海泡石、石灰石、大理石、石英石、膨润土、瓷土、陶粒岩、花岗岩等，是全国四大产锰地之一，是江西省三大产煤基地之一。锰矿主要分布在众埠鸡公山以及南港天子堂一带，膨润土主要分布在浯口，该矿点储量大、矿体浅。石灰石分布广，品位高，适于生产石灰和水泥。经勘探查明的市西牯牛岭海泡石矿，为全国首次发现，世界稀有；十里岗和礼林盛产瓷土；乐港小陂等地出优质耐火泥；名口等地有花岗岩、长石、沙页岩等岩石，可作为建筑材料和碾磨器具材料。

地方人文兴旺昌达。乐平人文昌达，历史上涌现了"一王二侯五宰相，两名状元威武将，三位榜眼和探花，三百六十进士郎"。乐平文化底蕴深厚，素以"文章节义之帮"著称。

生态环境优美宜人。乐平生态优美，景色宜人，有蓝浸绿染的国家级水利风景区"翠平湖"，有鬼斧神工的国家级4A风景名胜区"洪源仙境"，有规模宏大的"文山石林"，有"小庐山"之称的避暑胜地"历居山"。这里景色宜人，城区已建成东湖、天湖、洪皓森林三大生态主题公园，有山有寺、有水有阁，绿树与草坪交融，青山与碧水辉映，亭台楼阁，古木参天，是市民旅游休闲的好去处。

经济发展健康稳定。乐平市政府按照"打造特色鲜明的现代化赣东北明珠"总目标，坚持稳中求进工作总基调，大学大干大变，全市经济社会发展势头持续健康稳定。

第二节　浮梁县

浮梁位于江西省东北部,隶属景德镇市,地处赣、皖二省交界处,是鄱阳湖生态经济区 38 个重点县(市、区)之一,属高效集约发展区。东邻婺源县,西毗鄱阳县,南接乐平市和景德镇市昌江区,北连安徽省祁门县和东至县。县域面积 2851 平方千米,耕地面积 27.1 万亩,辖 10 个建制镇、8 个乡。2019 年年末,全县常住总人口 31.95 万人,其中城镇常住人口 15.82 万人,城镇化率 49.5%。

历史悠久。唐武德四年(公元 621 年)置县,始称新平县,武德八年新平县撤销。唐开元四年(公元 716 年),重设新昌县,县治改设新昌江口。但由于水患,县治迁至旧城。唐天宝元年(公元 742 年),"因溪水时泛,民多伐木为梁",故更名为浮梁县,从此,浮梁之名一直沿用至今。县制历经多次变迁,1960 年,撤县设蛟潭、鹅湖两个区并入景德镇市,1988 年 11 月恢复县制,中断 30 年的浮梁县重新恢复,至今已有 1300 多年历史。

文化厚重。浮梁民风淳朴,自古有尚学兴教之风,唐代就办有县学。"家无隔夜粮,也要送子上学堂""士趋诗书、矜名节""历代衣冠人物之盛甲于江右"。淳雅的风尚民情,使浮梁人才辈出,代不乏人,秦汉间吴芮,曾任番县县令,后被封为长沙王。唐代,官居兵部员外郎薛仲佐,以"处事果断,严以律己"而著称于世。浮梁古为望县,自古以瓷茶文化闻名于世,被誉为"世界瓷都之源、中国名茶之乡"。陶瓷上孕育了千年窑火不熄的瓷都景德镇,茶叶上创造过"浮梁歙州，万国来求""浮梁之茗，闻于天下"的盛况，唐代诗人白居易在《琵琶行》中写下了"商人重利轻别离，前月浮梁买茶去"的诗句。浮梁工夫红茶 1915 年荣获"美国巴拿马万国博览会"金奖。浮梁茶被评为中国茶叶"最具品牌资源力"的三大品牌之一。先后被评为"中国红茶之乡""中国名茶之乡""2017 年度全国十大魅力茶乡""中国茶业百强县"。有中国历史文化名镇 1 个，中国历史文化名村 4 个，中国传统村落 18 个。

生态秀美。浮梁地属亚热带季风气候，光照充足，雨量充沛，四季分明，风光明媚；境内平原、山区、丘陵交错，水网密布，素有"八山半水一分田，半分道路和庄园"之称。拥有数百种野生动物和上千种野生植物，森林面积 355 万亩（含枫树山林场），森林覆盖率高达 81.4%。为省十佳绿色生态县之一，被列入全省第一批生态文明先行示范县，2018 年荣获"国家生态文明建设示范县"和全省首批"绿水青山就是金山银山"实践创新基地。先后被评为国家生态县、国家重点生态功能区、省级森林城市。有国家级生态乡镇 15 个，国家级生态村 1 个，省级生态村 32 个。

产业完整。协调推进乡村振兴战略，不断深化农业供给侧结构性改革，"高岭·中国村"田园综合体项目快速推进，茶叶、油茶、优质稻、蔬菜水果等生态优势产业发展态势良好，被列为"全国无公害茶生产示范基地县"和"全国茶叶标准化示范县"。"一园四基地"工业发展平台初具规模，陶瓷、机械、电子、矿产和绿色食品等主导产业特色鲜明。全域旅游发展形势良好，旅游资源不断加强，拥有国家 4A 级景区 3 个（高岭—瑶里景区、古县衙景区、皇窑景区)，3A 级景区 4 个（双龙湾生态园、天宝龙窑、蛟潭礼芳、江村严台），有全国特色景观旅游名镇 1 个，全国特色小镇 1 个。被评为 2018 年度"全省旅游产业发展先进县""中国县域旅游竞争力百强县""2019 中国茶旅融合十强示范县"。

第三节　珠山区

珠山区以御窑厂厂址所在地"珠山"得名，为景德镇市主城区，东北与浮梁县毗邻，西南同昌江区接壤，总面积 111 平方千米，常住人口 33.95 万人，现辖 1 个镇、9 个街道、14 个村、54 个社区居委会。

珠山区是景德镇陶瓷历史文化的核心区，辖区内陶瓷古迹丰富，陶瓷精品荟萃，陶瓷名家辈出，瓷味风情十足。珠山立足于陶瓷文化资源丰富和中心城区大师荟萃的优势，做好文物古迹的保护和开发，以工业遗存和历史建筑为中心，结合老街区、老厂房修复，着力打造陶瓷创意产业孵化基地，开辟创意产业园，加大对历史文化街区、老厂、老窑址、老作坊的保护和修复力度，打造了以三宝国际瓷谷、樊家井仿古街区、珠山东市、陶艺特色商业街等为代表的陶瓷文化创新发展基地。各项专项整治和创建工作成效明显，打造了一批文明创建示范里弄、文明创建示范街，促进了文化产业的发展。

第四节 昌江区

昌江区地处景德镇市西南部，以境内河流昌江流经而得名，常住人口为 201363 人。全区东西长约 30 千米，南北宽约 20 千米，区域总面积 432 平方千米，共辖 2 个乡、2 个镇、2 个街道。

古有"昌江八景"，今有古窑民俗博览、得雨生态园、锦绣昌南 3 家 4A 级景区。国家级水利风景区——月亮湖、省级森林公园——郭璞峰景区、三宝国际陶艺村、杨湾风景区以及旸府寺、冷水尖等景点成为瓷都市民度假休闲的首选地。

黄泥头古瓷窑遗址是五代至北宋时期有代表性的古瓷窑址。丽阳民窑遗址被评为"中国考古十大发现"之一。三宝蓬、银坑坞、陈湾等地保留有多处古瓷矿遗址。三闾庙地区保存着完好的明代街区和明代中期建筑群以及古码头，是昌江古代文明的象征。2020 年 12 月，昌江区入选"第二批国家全域旅游示范区"名单。

第五节 园区建设

目前，景德镇市拥有 3 个工业园区，分别是国家级的景德镇高新技术产业开发区、独具特色的景德镇陶瓷工业园区和引领县域经济发展的乐平工业园区。经过多年的发展，园区的承载能力和集聚效应不断增强。

基础设施投资力度大。2019 年，全市工业园区完成基础设施投入 22.70 亿元。分园区看，高新技术产业开发区完成 5.91 亿元，陶瓷工业园区完成 1.10 亿元，乐平工业园区完成 15.68 亿元。

生产经营平稳。2019 年，全市工业园区实现营业务收入 964.47 亿元，同比增长 8.3%。分园区看，高新技术产业开发区实现主营业务收入 604.71 亿元，排名全省工业园区第 12 位；陶瓷工业园区实现主营业务收入 58.66 亿元，排名全省工业园区第 79 位；乐平工业园区实现主营业务收入 301.10 亿元，排名全省工业园区第 32 位。

第三章　旅游资源丰富

　　景德镇是国务院首批公布的全国 24 个历史文化名城之一、中宣部推出的中国最值得外国人去的 50 个地方之一、国家旅游局向海外推出的 35 个王牌景点之一，成功入选全国第二批"国家全域旅游示范区"创建名单。周边 200 多千米的范围内，有"六山两湖"和五大世界遗产，与周边地区有很强的互补性。灿烂的陶瓷文化和优美的自然生态，使景德镇成为中国独有的以陶瓷文化为特色的优秀旅游城市。

第一节　古窑民俗博览区

　　古窑民俗博览区是国家 5A 级旅游景区，也是目前全国唯一一家以陶瓷文化为主题的 5A 级景区，是全省唯一一家坐落在城市中心的国家 5A 级旅游景区，也是国家文化产业示范基地、国家级非物质文化遗产生产性保护示范基地，集中再现了瓷都景德镇千年制瓷历史，被人们誉为"最具中华神韵的陶瓷文化景区"。位于景德镇市瓷都大道古窑路 1 号，景区距机场、高速路口、火车站均 10 分钟车程。

　　景区清代镇窑是景德镇清代蛋形窑的唯一遗存。2009 年重新修复镇窑窑炉，10 月国际瓷博会期间成功复烧，打破了"世界上最大的柴烧瓷窑"的吉尼斯世界纪录。除清代镇窑外景区用由近及远、寻根溯源的方法，2010—2012 年逐年复建并复烧了历代典型瓷窑，包括明代葫芦窑、元代馒头窑和宋代龙窑，2013—2014 年复建复烧景德镇明清御窑六式窑（青窑、龙缸窑、风火窑、色窑、爁熿窑和匣窑）。中央电视台科教频道《探索·发现》栏目专题拍摄了纪录片。景区清代制瓷作坊群和镇窑窑房，聚集了 200 多名老艺人进行传统制瓷生产，其传统制瓷工艺在全国非物质文化遗产博览会荣获金奖。

景区发挥四大传统瓷器的釉彩和品质特点，创制了各式瓷乐器，由 20 多名专业演员组成的瓷乐团使用这些瓷乐器可以演奏中外名曲和具有浓郁地方色彩的乐曲。近年来，瓷乐团先后赴日本、俄罗斯等十几个国家和地区演出，所到之处，均受到热烈欢迎。

景区有历代瓷窑展示区、陶瓷民俗展示区、瓷生一日艺术休闲区等不同区域。

历代瓷窑展示区：古代制瓷作坊、世界上最古老制瓷生产作业线、宋代龙窑、元代馒头窑、明代葫芦窑、清代镇窑、明清御窑、风火仙师庙、瓷行等景点，向人们展示了古代瓷业建筑、明清时期景德镇手工制瓷的工艺过程以及传统名瓷精品。

陶瓷民俗展示区：以十二栋明、清古建筑为中心的民俗景区内有陶瓷民俗陈列、天后宫、祖师庙、瓷碑长廊、水上舞台瓷乐演奏等景观。

瓷生一日艺术休闲区：包括昌南问瓷、三间庙码头、耕且陶焉、前瓷今生、木瓷前缘等瓷文化创意休闲景观。

第二节　御窑厂

　　景德镇御窑厂遗址位于江西省景德镇市珠山区，总面积约 51000 平方米，历史遗存丰富，包括明清时期御窑厂窑业遗迹、窑炉遗迹、墙体、道路遗迹、古井、古树、窑业堆积遗迹、衙署建筑及其他附属建筑遗迹；另外，还包括与明清御窑紧密相关的元代官窑遗迹，以及出土的明清御窑瓷器碎片及窑业工具等可移动文物；同时御窑厂遗址区周边传统街巷、民居、商铺、民窑作坊、历史文脉以及昌江等，也是其遗存的重要组成部分。

　　经历次考古发掘，现已清理出明代及清末民初葫芦形窑炉等遗迹，出土了一大批元代、明洪武、永乐、宣德、正统、成化、弘治、正德、嘉靖、万历等时期落选的御用瓷器碎片。

　　御窑厂遗址景区于 2012 年元月对外准开放。2013 年御窑厂遗址景区被批准为国家 2A 级旅游景区，同年 3 月景德镇市发改委下达了《关于核定景德镇市御窑厂遗址景区门票价格的批复》批准御窑厂遗址景区开放门票价格为 60 元/人次。2015 年 12 月，御窑厂遗址景区被评为国家 4A 级景区。御窑厂遗址景区全年开放，对本市市民采取优惠票价；外地游客未成年人实行半票，学生凭有效《学生证》实行半票；对 70 周岁以上老年人、现役军人、残疾人、1.2 米以下儿童、宗教人士等实行免票；国家法定节日门票价格适当优惠，本市市民凭本人身份证可免费参观景区。

　　御窑厂遗址景区从南至北依次是御窑厂古井、古戏台、阅瓷楼、陶瓷修复研究中心、明代御窑南麓遗址、佑陶灵祠、中国御窑工艺博物馆、御诗亭、龙珠阁、明代御窑北麓遗址等场馆和景点。整个布局科学合理，参观路线明了清晰。在御窑厂南大门东侧设立游客服务中心，集售票、景区介绍、宣传、咨询服务于一体。

元代至元十五年（公元 1278 年），元世祖忽必烈在景德镇珠山设浮梁瓷局，负责为皇家监造御用瓷。皇帝派员到景德镇监制宫廷用瓷，创造出无数陶瓷精品。明代洪武二年（公元 1369 年），朱元璋将浮梁瓷局改建为御厂，宫廷瓷器开始注明皇帝的年款。清代康熙年间御厂改称御窑厂，

到清代宣统三年（公元 1911 年）止，绵延近 700 年，是我国烧造时间最长、规模最大、工艺最为精湛的官办瓷厂。

由于御窑厂的特权所在，历来荟萃着景德镇的陶艺精英和能工巧匠。它虽然专为皇帝烧制瓷器，而客观上则为中华民族创造了大量瓷文化的奇珍异宝。除了不少流失于海外，至今尚有许多陶艺珍品珍藏于故宫博物院，并向海内外游客展示。

御窑厂是官窑的象征，是陶艺瑰宝的摇篮。历年来，人们对御窑厂充满神秘感与好奇心。御窑厂代表了明清时期中国陶瓷技术和艺术的最高水平，现存遗址及其背景环境是研究御窑厂历史沿革、管理制度、烧造工艺的重要依据，也是研究历史文化名城景德镇城市发展脉络的重要基础。中国是古代世界陶瓷手工业最为发达的国度，而景德镇御窑厂又是中国陶瓷业最高成就的代表，因此，景德镇御窑厂无愧于古代世界陶瓷手工业的中心，对全世界陶瓷业的发展做出了不可磨灭的贡献，在世界范围内具有不可替代的历史、科学和艺术价值。御窑厂遗址为全国重点文物保护单位，其考古成

果被评为 2003 年度"全国十大考古新发现",是首批国家重点支持的 100 项大遗址,国家首批公布的考古遗址公园立项单位,国家"十二五"大遗址重点保护展示工程,国家"十二五"大遗址保护展示示范园区。

开放的景点:

官窑博物馆:经多年整理,采取"多级分类,系列复原"的方法,修复御窑厂出土官窑精品千余件,有一批被誉为"绝世孤品"的瓷器和文物遗存面世,现均收藏在该馆内。馆内陈列了明清御窑遗址出土的大量修复品,大多是海内外罕见孤品,年代可靠,为观众提供了断代标尺。珍贵藏品有明洪武釉里红花卉纹大碗、明永乐甜白三壶连通器、明宣德青花龙纹蟋蟀罐、明成化斗彩高士杯等精品。

陶瓷微缩景观《御窑厂》:系依据《景德镇陶录》《陶冶图》等相关文献资料,历经 4 年的设计与创作,采用陶瓷材料高温烧制而成。使用了相关陶瓷生产、生活物件近千件,生动再现出御窑厂昔日辉煌的生产景象,并被评为"大世界吉尼斯之最"。

御窑工艺博物馆:通过多种形式,展示御窑制瓷工艺的历史和传承,御窑制瓷原料和窑具,御瓷成型、彩绘、填色的过程,以及历代帝王管理窑厂、官员监督工匠制作的历史等,并陈列了一大批仿制的古代皇家精品瓷器。

御窑遗址保护房(两处):考古发掘揭露了许多重要遗址和出土大量遗物,荣获 2003—2004 年度田野考古二等奖。展示的遗迹有:墙、窑炉和掩埋落选御用瓷器的小坑。对明代官窑特别是明代官窑瓷器的研究有重大意义,为研究、探索明代早中期御窑的范围、烧成技术、产品特征和管理制度等提供了新的科学资料。

佑陶灵祠：官府为窑工童宾所立祠，又称"风火仙师"庙。祠内供奉风火仙师童宾像，两边是做坯、托坯、收兜脚、打杂的小扶手、二扶手等各脚窑工师傅的塑像。

龙珠阁：珠山有阁一座，红墙黄瓦，重檐飞翘，雕梁画栋，秀雅端庄。阁最初建于唐代，称聚珠亭，宋代修葺一新后，称中立亭。明朝天顺年间重建，叫朝天阁，成化年间改称冰立堂，万历年间又改建，叫环翠亭。清雍正时改称文昌阁。1925 年重建，才叫龙珠阁。现在矗立于世人面前的龙珠阁是 1989 年动工重建的，于 1990 年 10 月首届"中国瓷都——景德镇国际陶瓷节"开幕之际建成。2012 年，在上级文物部门的重视和关心下，龙珠阁实施维修工程，将其辟为市民休闲场所。龙珠阁内有弧幕电影、御窑遗珍、陶人心语、瓷乐合鸣、体验新御窑产品等展示。

第三节　浮梁古县衙

浮梁古县衙是国家 4A 级旅游景区，距景德镇市仅 8 千米。浮梁，孕育了蜚声中外的瓷都景德镇；浮梁，一个让您在人文与自然组合中流连忘返的地方；千年积淀，浮梁古县衙一路耀眼生辉！

古县衙景区内有保存完好的五品古县衙、宋代佛塔——红塔、气势宏伟的古城门楼、堪称世界一绝的历史文化长廊、正在申报吉尼斯世界纪录的千年瓷坛、体现喜庆浪漫爱情的千禧良缘广场、凸显陶瓷精品的魁星阁、明清官窑、浮梁茶馆、中国最古老的天文计时仪器——土圭、圭表、日晷以及千年古井——汤公井、正在规划建设的休闲胜地韵琴湖和浓缩宗教文化的西塔寺……浮梁古县衙为江南唯一保存较完整的清代县衙，被誉为"江南第一衙"，1987年定为省级重点文物保护单位。唐元和十一年（公元816年），因水灾迁浮梁县城于现在浮梁旧城处，历经唐、宋、元、明、清诸代至民国四年，长达1100余年，县衙屡毁屡建。现存古县衙，始建于清朝道光年间，距今近200年历史，占地面积为64495平方米，规模宏伟。

红塔原名为西塔，始建北宋初年（公元961年），距今已有1000多年，是江西省保存最早最完整的一座大型古塔，称"江西第一塔"。1959年被列为首批江西省重点文物保护单位。明代万历三年（公元1575年）重修过一次。由于塔前在唐代建有一座寺庙叫西塔寺，根据先有寺庙后有塔可判断出此塔的目的是传播佛教，即为一座佛塔，佛名为"大圣宝塔"，并载入中国七十二座古塔史册。

景区内独具特色的升堂审案表演和古代武士巡游、当一天县官、宣讲圣谕、射箭等活动，让您亲临历史意境，一日走千年！

第四章 景德镇陶瓷文化

第一节 文化底蕴深厚

陶瓷是中国文化、世界语言，讲述中国的故事，是中国走向世界、世界认识中国的文化符号。景德镇有冶陶史2000多年，官窑史1000多年，御窑史600多年，"三面青山一面水，一城瓷器半城窑"，营造了"工匠八方来，器成天下走"的繁荣景象。陶瓷文化的独特魅力，广泛影响着人们的生活方式、价值取向、审美情趣，为古老的中国赢得了世界声誉。

景德镇手工制瓷工艺与景德镇制瓷历史并存，到了明、清两代，景德镇以海纳百川的胸怀，"集天下名窑之大成，汇各地良工之精华"，制瓷工艺极尽细致。据明代科学家宋应星在《天工开物》中记述，景德镇的制瓷工艺"共计一坯之力，过手七十二，方克成器。其中微细节目，尚不能尽也"。这只是制瓷技艺的共性，加上独门绝技的个性，实际工序过百有余，最终成就了景德镇传统手工制瓷技艺的鬼斧神工。

景德镇的制瓷工艺形成自身特色，其行业分工之细、专业化强度之高是其他手工行业所无法比拟的。"景德镇传统手工制瓷技艺"于2006年被列入首批国家级非物质文化遗产名录。

第二节 珠山八友

明清两朝皇家重视景德镇陶瓷生产，集中全国的人才和物力，保证了皇家官窑景德镇陶瓷的质量，在景德镇陶瓷的胎体精细、釉质润净、制作规整、品种多样，特别是颜色釉瓷的精细讲究，可以说达到了前所未有的境地，促进了景德镇陶瓷艺术的发展。但是，官家的统治，又扼杀了景德镇陶瓷艺术家个性的张扬和发挥，成为中国景德镇陶瓷艺术发展的桎梏。景德镇人杰地灵，人才辈出，随着清朝国力的衰败，皇家御窑厂的衰落，一批出类拔萃的民间陶瓷艺术家异军突起，"珠山八友"就是其中技艺超群的代表人物。

"珠山八友"当时的名称是"月圆会"，就是御窑厂停烧以后部分流落到民间的粉彩和瓷板画的高手。这里的"八友"分别是：王琦、王大凡、汪野亭、邓碧珊、毕伯涛、何许人、程意亭、刘雨岑。其中，王大凡、何许人和1904年出生、八友中最年轻的艺人刘雨岑分别是徽州黟县、徽州歙县和安徽太平（今黄山市黄山区）人，其余人均为江西人。再算上徐仲南、田鹤仙，珠山八友实则是十个人，这前后并不矛盾。正如"江西诗派"也并不全是"江西人"一样，"以味不以形也"。月圆会"珠山八友"也可以指一个画家群体，在绘画上他们追求清代中期"扬州八怪"的风骨。徐仲南（1872—1953年），名陔，字仲南，号竹里老人，江西南昌人，在"珠山八友"中年纪最长，享年81岁。他画瓷时间长，成名稍晚，青年时期以画人物为主，中年则改习山水，晚年画松竹、花鸟，一生以画竹子著称。

一、"珠山八友"之徐仲南：爱竹更似竹

1918 年，46 岁的徐仲南受聘于江西瓷业公司，从南昌到景德镇担任瓷业美术管理。成立于清末的江西瓷业公司在民国期间有非凡的影响力，而彼时画艺高超的徐仲南被委派到景德镇的主要任务是传授画艺，并参与经营管理。

然而，由于他与当时的风尚格格不入，更由于他洁身自好、不迎合当局者，不久即被解聘赋闲在家。这时，徐仲南反而感到一身轻松，从此在自己狭小的庭院里植松种竹，一心一意地挥毫作画，画纸画，也画瓷板。

院子里有着连片的翠竹，客厅里挂着文同、郑板桥的墨竹，此时的徐仲南笔墨之下已经翠竹片片，或玉树临风，或拔地晴空，观之让人产生如入仙境的幽静感。

就在徐仲南的陶瓷艺术走向巅峰时期，"七七"事变的枪炮声惊破了他的创作梦。为支援前线抗日将士，他在景德镇御窑发起义卖。武汉保卫战爆发，徐仲南冒着被日机轰炸的危险，乘船从汉口返回九江，途中解囊救助一位奔赴抗日前线的共产党员。

1949—1950 年，苏北水灾，耄耋之年的徐仲南积极参加义卖，筹款救助灾区同胞。当时景德镇名艺术家只有 3 幅画的义卖任务，徐仲南竭尽全力画了 10 多幅，犹嫌自己手慢，特地倾平日所画共提交 40 余幅义卖。其高风亮节，由此可见一斑。

徐仲南爱竹、栽竹、画竹、咏竹，以竹抒怀，表达了这位竹里老人高洁的操守和淡泊的胸襟。

二、"珠山八友"之王琦:"月圆会"倡导者

王琦(1886—1933年),为"珠山八友"之首,字碧珍,别号陶迷道人。祖籍安徽,后迁居江西新建县。王琦是从最底层、最艰苦的环境中,以顽强的奋斗精神、过人的才华和聪慧以及豁达、大度的人格力量成长起来的艺术家。

王琦自幼家贫,少年时代学捏面人糊口谋生。王琦在走街串巷捏面人的同时,看到以瓷业为主的景德镇造就了许多绘瓷的能工巧匠、艺人、艺术家……这种特殊的文化现象,对王琦有巨大的震撼力。捏面人,作为一种民间艺术,与陶瓷艺术有许多相通之处,捏面人所练就的造型能力,可运用于陶瓷艺术上。与此同时,他认识了以画瓷像而出名的前清秀才邓碧珊。比王琦大10岁的邓碧珊,接纳他为弟子。王琦师从邓碧珊之后,不但向他学习彩绘瓷像,也向他学诗文、书法等,从此走上了从艺的道路,开始了一位出色艺术家的攀登历程。

由于王琦非同寻常的天赋和凝聚力,在20世纪20年代,他渐渐成了景德镇瓷艺界的核心人物,与汪晓棠、潘匋宇并称"民国初年三大名家"。1922年,景德镇成立瓷业美术社,他和汪晓棠被推选为副社长。同时,由于王琦的收入渐渐丰厚,他在景德镇东门头自建了300多平方米的住房和画室,其中数间专供画友作画、住宿。经济困难的画友向他借钱,他都慷慨解囊,从不问及还钱之事。王琦常对他的妻子熊仕堂说:"他们有钱,自然会还,无钱也不必去讨……"由此可见,王琦为人仗义大方。正因如此,其周围能团结一批技艺精湛的艺人、艺术家。1928年,王琦接受了一套八条

屏瓷板画的订货，便邀请了王大凡、汪野亭、邓碧珊等七位名家共同创作。在王琦的提议下，确立此后农历每月的十五日大家聚会一次，并轮流做东，在一起研讨诗文、绘画，切磋瓷画技艺……故名"月圆会"。"珠山八友"这个艺术团体，由此诞生。这个团体直到王琦去世，还延续了一段时间，并对景德镇的瓷艺发展产生了深远影响。

三、"珠山八友"之汪野亭：人和气，肯帮忙

汪野亭（1884—1942 年），名平，字鉴，号平山、平生、老平、垂钓子，亦号传芳居士，平山草堂主人，斋名平山草堂，江西省乐平（今乐平市）人，近现代著名陶瓷艺术家。他的山水画，独成一派，称"汪派山水"。

汪野亭出身于普通农民家庭，喜交文化人、贫困者、僧人、道人，"月圆会"内八友自不必说，瓷艺圈内与汪野亭常来常往的，有吴霭生、王步、汪大沧、时幻影、陈香生、余灶昌等挚友。上层社会中爱好艺术的文人雅士，也常来赏瓷论画。杜重远先生在江西瓷业公司任职期间，来景德镇筹办"民众教育馆"，常邀请汪野亭商讨有关事宜。杜先生居官不傲，举止有度，为汪野亭所敬佩，相互尊重遂成知己。出入汪氏画室的，也不乏为谋取而来的权贵者，汪野亭深知来意，不亢不卑，泰然处之。

汪野亭既缅怀祖父刻苦抚育之恩，又秉承祖父克己助人的品德。以卖菜为生的乐平同乡王荣初，涉嫌地下党被当局逮捕，汪野亭以身家性命将他保释；到景德镇谋生的乐平人境遇困难他都尽力相助；街坊或亲朋间发生纠纷，必请汪野亭主持公道调解，他不偏不倚，晓之以理，动之以情，使双

方心悦诚服，而赴茶馆调解的茶资，结账者乃汪野亭。他为人和气、本分、肯帮忙，已为众所周知。

汪野亭闻名遐迩时，瓷市正旺，本可敛财为后辈购田地、置房产，他却谆谆告诫儿女，可继承的只是父辈的技艺，要靠自己十个指头磨砺成才，方可终身享用。汪野亭膝下三男一女，原配李氏育有长子汪小亭、次子汪少平。李氏早逝，续弦邹金龙，育有儿汪青、女汪桂英。汪氏瓷艺后继有人，瓜瓞绵绵，得以授予"陶瓷世家"称号。

四、"珠山八友"之田鹤仙：效仿王冕画梅花

田鹤仙（1894—1952 年），男，名青，原名田世青，字鹤仙，号梅华主人、荒园老梅，中国陶瓷美术大师。祖籍浙江绍兴，出生于江西抚州，是景德镇画瓷名家。

田鹤仙生活清贫却过得十分潇洒，喜爱钓鱼、种花、饲鸟、玩石、饮酒。种花分送邻里，与友人对酌，旨在消除心中块垒。他崇尚自然，追求返璞归真，既爱大自然之山水，又爱奇石天然成趣，认为二者皆是造化之功。一次，他沿溪行，偶尔瞥见一奇石，造型酷似天然山峰，细窥石面显露出浮雕式层峦，乃溪流长期冲刷巧成，激动之余，以手拔出 1 尺 5 寸长之青石。奇石出水后，他发现水中尚有一截，懊悔未用锄头掘至根部，否则更完整。

田鹤仙画梅之初，作品中时有提及煮石山农王冕画梅千古留名。他越过清代"扬州八怪"，转而效法元代王冕，枝干舒展挺秀，花蕊红彩点染，枝干与花朵浓淡对比，凸显梅花的丽质沁人。所画之梅或老干横斜、瘦傲天然；或以山水皴法画梅，别有旨趣；或令粗、老、嫩枝在一张画面上组

合，变化多端。诸如彩绘梅树瓷板画，就是以上技法的形象写照。

田鹤仙效仿王冕写梅时，喜以若断若续的笔触描绘枝干、枝丫，扭曲处笔触更是似有若无，巧妙表现了枝干的盘结曲转。其绘瓷用的釉彩非常浓烈，恰好用断续的笔触施釉，二者十分契合，竹杆似断非断，节节相连的用笔及构图无处不体现王冕的绘画精神。

田鹤仙在中华人民共和国成立初期英年早逝，未及培养传人，但其人品和画品却为后世景仰，可谓"留得清香在人间"。

进入 21 世纪，景德镇陶艺人才灿若群星。景德镇拥有全国唯一的陶瓷高等学府——景德镇陶瓷大学，而且拥有部、省、市级陶瓷研究所，以及一批国家级的研究、检测、标准化中心，景德镇已经成为全国陶瓷行业创新基地和江西省重要的科技创新基地。景德镇有中国工艺美术大师 36 人，中国陶瓷艺术大师 27 人，中国陶瓷设计艺术大师 24 人，省工艺美术大师和省陶瓷艺术大师 208 人，省高级工艺美术师近 2000 人，各级非物质文化传承人 361 人，还有一大批陶瓷艺术工作者，汇集了来自国内外 2 万多名"景漂"，是全国陶瓷工艺美术人才最富集的城市。

第三节　历代名窑

龙窑依山傍势构筑，因形如长龙而得名。我国在战国时期就有了龙窑。景德镇先后在湖田、丽阳、银坑、绕南发现宋、元、明代龙窑 5 座，这表明从宋代到明代，景德镇地区基本是用龙窑来烧制瓷器，之后逐步向葫芦窑过渡。龙窑的长度从十几米到七八十米不等，一次能装烧瓷器一两万件。

葫芦窑是明代景德镇流行使用的一种窑炉。前宽、后窄、束腰，形如葫芦。景德镇已发掘出葫芦窑 9 座，其中御窑遗址并列 7 座，为明代早期；丽阳 1 座，为明代早中期；湖田 1 座，为明代中期。

馒头窑，也称圆窑，内空，形如馒头，明代较多。通常依山坡或土堆倾斜建筑。馒头窑结构分窑室、窑箅、火膛、支柱和火门五部分，窑头有预热室，窑尾基本上不设置烟囱，或有一不高的烟囱。窑中间最大，窑尾又较小，用以保持适当动压。拱顶成弧形，两侧上部或窑顶有投燃料的孔。窑身有 2—4 个窑门供装坯和开窑之用。

蛤蟆窑通称小南窑，是明末景德镇的著名民窑。明代中期以后，出现了"官民竞市""官搭民烧"的情况，民窑之间竞争激烈。在这种情况下，民窑只有灵活多变，品种求新、求美，方能生存。于是，景德镇小南街（位于今解放路南侧的青峰岭）的小南窑应运而生。小南窑形制较小，如蛙状，当时称"蛤蟆窑"。所造日用品，器粗整、土坯黄、体薄而坚，适合日用。

蛋形窑是景德镇的传统瓷窑，由龙窑、葫芦窑逐渐演变而来。又因其为景德镇所独创，也称景德镇窑，简称镇窑。由于所烧燃料为松柴，故也称柴窑。此外，由于火焰前进方向较平，又称平焰式窑或横焰窑。20 世纪 80 年代初期，在景德镇南河北岸景德镇印刷机械厂院内出土了一座元代陶瓷焙烧卵白釉与青花瓷器的残窑，其平面和景德镇还在使用的清代遗留下来的镇窑有某些相似之处，可见镇窑在元代已具雏形。

梭式窑是以活动的窑车代替窑底的倒焰或半倒焰窑。烧制时，把坯体装在窑车上，推入窑内焙烧，烧成、冷却后拉出窑外，然后将另一部装坯车推入窑内。这样一进一出，循环往复，像织布的梭子，所以叫梭式窑。梭式窑因容量不同而多种多样，小的不到 1 立方米，大的可达 100 立方米以上。梭式窑是现阶段景德镇陶瓷的主要窑炉，它在陶瓷烧成工艺变革上是一次大的飞跃。

马蹄窑因窑的内底形如马蹄而得名。我国在秦汉时期就有了马蹄窑，它与葫芦窑是景德镇湖田窑系遗址中的两种特殊瓷窑。马蹄窑建造简单，投资少，窑炉较小，利于产品更新换代。景德镇 1980 年在湖田窑遗址发掘出了明代的马蹄窑。该窑可烧瓷碗 2000 只左右。

为了保护森林资源，景德镇在 1953—1965 年推行烧窑燃料改革，逐步实现了"以煤代柴"。随着柴窑的逐步退役，倒焰窑一度成为 20 世纪 60 年代景德镇烧制陶瓷的主要窑炉。倒焰窑因火焰有一段是由上到下而得名。当时，景德镇先后建有方形倒焰煤窑 7 座、圆形倒焰煤窑 131 座，其产量约占全市总产量的 70%，烧成质量接近柴窑水平。

1966 年，随着景德镇瓷厂从捷克引进隧道窑投产后，景德镇的倒焰煤窑逐渐被各式隧道窑取代。隧道窑是形如隧道的连续生产的窑，上为拱顶，两侧是窑墙，底部有轨道，中央有燃烧室。景德镇的隧道窑起初均烧煤，以后逐步改为烧油、烧气。1989 年，景德镇共有烧瓷隧道窑 37 座，这些隧道窑的产量当时占全市日用瓷总产量的 90%。

第四节 四大名瓷

一、青花

景德镇青釉青花（传统青花）装饰成熟于元代。至元代中晚期，青花烧造技术益精。"浮梁磁（瓷）局"监烧的青花瓷，以造型硕大、纹饰繁缛、胎釉厚重而著称于世。

明代洪武青花的造型、纹饰、技法都明显带有元瓷遗风。到了永乐、宣德时代，纹饰装饰技法向秀丽、典雅的风格发展，纹饰题材更加丰富多彩。

到清康熙年间，同一种青花由于浓淡不同形成了色彩上完全不同的感受，甚至在一笔中也能分出不同的浓淡笔，所以，康熙青花瓷器有"青花五彩"之誉。雍正、乾隆时期，青花器在造型上更加丰富多彩。

民国时期，王步以工带写笔法绘青花山水、人物、花鸟，笔力雄健，有浑厚苍老之气，青花渲染从浓到淡一次染成，不见笔痕，形成独特风格。

新中国成立后，青釉青花开创了清晰、秀丽、明朗的新形式。进入20世纪60年代，景德镇设计和生产的缠枝满花图案和散点式双梨花装饰的中餐具、茶杯、茶具、酒具等不仅被人民大会堂及驻外使馆选用，还被各大城市宾馆、饭店选用。20世纪80年代以后，应用传统青釉制作的仿古瓷更为风靡。

民窑青花的特点是以写意技法作画，用笔流利豪放，点染错落生动，勾勒用笔龙飞凤舞，信笔挥洒，如书狂草，而作品艺术效果，却出神入化，令人百看不厌。

明代永乐、宣德、成化时代，御窑厂初建，明王朝极力维护官窑的统治地位，压制民间青花制瓷业的发展，这一时期，民窑青花极少精致作品。嘉靖时代，民窑青花制瓷业迅速发展，出现了如著名的崔公窑、周（丹泉）窑等大规模的手工作坊。当时的民间青花制瓷作坊除生产国内外市场的商品瓷外，还生产宫廷需要的"钦限"瓷和"官搭民烧"的精致青花瓷器。万历四十八年（公元1620年）景德镇御窑宣告停烧，此时民间青花制瓷业分布密集，生产活跃。清末，景德镇瓷器开始走下坡路，然而，民间青花还保持着清新、朴实的风格，生产长盛不衰。

二、玲珑

玲珑是一种瓷器装饰技法，在瓷胎上选择与青花图案相配合的部位，镂雕花纹，使两面洞透，然后内外上釉，使镂空部分透亮，和青花花纹相映成趣。玲珑瓷为无意所得。宋代，在生产制作香熏一类镂孔器物时，由于施釉过厚，釉料在高温熔融时，流动的釉料无意地将那些原该透烟气的孔眼封闭，形成透明而不透气的效果，给人一种意想不到的美感。这让瓷工们有意识地在坯体上镂空形成孔眼状，然后填满透明釉，入窑烧制，由此产生了玲珑瓷。到明代永乐、宣德时代，景德镇在镂空工艺的基础上创制了青花玲珑瓷。

三、粉彩

同属景德镇四大名瓷之一的粉彩瓷，在国外享有盛誉，被西方人誉为"玫瑰族瓷器"。

粉彩又名软彩，成熟于雍正时代，是在康熙五彩的基础上，采纳部分珐琅彩制作工艺而创制的一种釉上彩品种，所以被称为"雍正彩"。粉彩一般先在高温烧成的白瓷上画出图案轮廓，然后在其内填上一层玻璃白，彩料施于玻璃白之上，再用干净的笔轻轻地将颜色依深浅、浓淡的不同需要洗开，使画面有浓淡明暗之感。与五彩相比，粉彩所用彩色更多，更为娇艳。

四、颜色釉

高温颜色釉是以金属氧化物和天然矿石为着色剂，装饰在胚胎上，经过1380℃以上高温烧制而自然形成的有色陶瓷，每件陶瓷都是孤品、绝品。正因为它的独一无二，所以具有较高的收藏价值。

这种名贵的高温颜色釉在北方称为"蹦瓷"，南方称为"活瓷"。在古代只有督陶官才有秘方，高温颜色釉分为三类，一是青釉、红釉、花釉、黑釉、蓝釉、黄釉等颜色釉，二是结晶釉，三是三阳开泰，此外，还有紫金釉、无光釉、裂纹釉、彩虹釉、珍珠釉、变色釉等。其中，青釉又细分为影青、豆青、天青等系列产品。红釉分为钧红、祭红、郎窑红、桃花片（美人醉）、玫瑰紫、丁香紫、桃红、火焰红。花釉分为窑变花釉（又名钧红花釉）、宋钧花釉、钦花釉、乌金花釉、虎斑花釉、虎斑釉、蓝花釉。黑釉分为乌金釉、铁锈花。蓝釉分为天蓝、霁蓝。黄釉分为茶叶末、象牙黄。

景德镇低温颜色釉在元代已萌芽，明代初期正式生产，至明代中期达到相当成熟精致的地步，至今仍有大批的传世品，如明弘治的浇黄、明嘉靖的矾红及素三彩等。

低温色釉烤烧温度较低，不受气氛变化干扰，可用来着色的原料较多，其色彩品种既比高温色釉丰富，呈色效果也比高温色釉稳定。低温色釉还有釉面光泽度明亮，表面光润细腻，透明如镜的优点。

第五节　中外陶瓷文化交流

景德镇瓷器最早发源于晚唐五代时期，也正是从这一时期开始，景德镇瓷器进入了中外贸易的货品中。宋代开始，景德镇瓷器大量外销到世界各地，遍及朝鲜半岛、日本列岛、东南亚、中亚、西亚和非洲大陆。元代一朝，虽不足百年，却是景德镇瓷器走上世界"瓷都"的开端，"浮梁瓷局"的建立，使景德镇成为制瓷的中心，受西亚影响颇深的元青花突然成熟，使景德镇的制瓷业走上了另一个高度。从此，青花瓷就成为中外陶瓷贸易的主流，一直延续到明清时期。明清两代，伴随着景德镇制瓷技术的成熟和中外文化交流的进一步频繁，景德镇瓷器越来越受到世界人民的喜爱，出口数量急剧增加。从明代中晚期开始，景德镇瓷器打开了外销欧洲的大门，源源不断的景德镇瓷器进入欧洲，价值堪比黄金，成为欧洲富人身份的象征。这一时期的景德镇瓷器由于接受大量的私人定制，在器型与纹饰上都出现了许多域外的文化因素。直至清朝末年，景德镇瓷器在海外依然有巨大的需求。千百年来，景德镇瓷器传播全世界，对世界人民的生活产生了巨大影响，同样地，伴随着相互的交流，景德镇瓷器也吸收了许多优秀的外国文化，促进了其自身制瓷业的发展。

元代与唐代一样，在中国历史上都是非常开放的社会，中西文化交流频繁，海外贸易十分发达，开创了古代中西文化交流最繁荣的时代。

元青花逐渐成熟的背后正是一幅中国与西亚经济文化交流的壮丽图景。元代时，大批西亚人定居中原，其中有些手工艺人分派于元代的手工业机构，从事具有异国情调的奢侈品生产。这些又一次唤醒了西亚人对蓝彩瓷器的特殊爱好，于是西亚人又源源不断向景德镇定制青花瓷器，元代青花瓷器经过科学工作者的检测，与国内的青花料有极大差别，所以，元青花的钴料当是来自伊斯兰地区，即是文献中所说的"苏麻离青"。

在元青花瓷器中多见体量巨大的碗、盘等，这在其他各朝制品中极为罕见，这些大型碗、盘与中国传统的瓷器不同，更接近中亚、西亚地区的陶制和金属的大碗、盘。除了尺寸，元青花在器物造型上也与西亚地区有密切的联系，在景德镇生产的元代青花瓷器中，有极少的器物是带有底座的，这类器物的原型是 13 世纪西亚流行的黄铜盘座。元青花中的梅瓶、大罐、葫芦瓶等器物中有一些器身作八棱状，这种八方形器与我国传统陶瓷的造型相比，线条更为鲜明，给人一种挺拔硬朗的感觉，它与中、西亚金属器多角、棱边的造型更为接近。在元青花的纹饰中也融入了很多伊斯兰元素，受到穆斯林传统审美观的影响。最新的考古调查发现，在景德镇早期的元青花瓷器上出现波斯文，这说明景德镇元代青花瓷的生产受到波斯的影响。典型元青花瓷器的纹饰主要有人物、动物、植物及几何纹饰，人物装饰可能受到

12—13世纪波斯彩绘陶器盛行用人物形象装饰的影响；植物纹饰装饰受到阿拉伯式花纹的强烈影响；几何形纹饰主要受到印度和希腊的影响。在纹饰的布局方面，典型元青花的装饰以层次丰富、布局严谨、图案满密为特点，具有浓郁伊斯兰文化意味的风格。

另外，元朝通过海上"丝绸之路"进行经贸往来的国家和地区由宋代的50多个增加到140多个。海路到达非洲海岸，陆路往来直抵西欧，统一的环境为地区间的交往创造了前所未有的便利条件，史称"适千里者，如在户庭；之万里者，如出邻家"。可以说，中西方文明成就第一次出现了全方位共享的局面。

明代郑和下西洋在中外文化交流史上写下了光辉的一页。在这期间，瓷器尤其发挥了重要作用，郑和不仅给世界各国带去了精美的瓷器，同时网罗回各国宝物。对于瓷器最重要的贡献就是苏麻离青料的批量引进，从而使青花瓷器在永、宣时期出现了独特的风格。

公元1405年开始，由于郑和七次下西洋，景德镇青花瓷、浙江青瓷、福建白瓷扬名海外，并由东非传及欧洲，使中国瓷器名声大振，海外需求大量增加。不但海外商船相继到景德镇、杭州贩运瓷器绸缎等商品，而且明代国内不少大商人如李锦、潘秀、郭震等，大量装载瓷器等物出海销售，满足海外需求。当时巨商郑龙芝兄弟，拥有商船百艘，海员千余人，常到景德镇采购青花瓷、茶叶，去浙江采购绸缎，然后派遣海船运到东南亚、阿拉伯、东非各地销售，深受欢迎。

日本著名陶瓷考古学家三上次男率学者在东南亚、非洲考察了中国古代陶瓷输出亚非各国的大量碎片，著有《陶瓷之路》一书，称海上丝绸之路为陶瓷之路，也是古代景德镇陶瓷的国际贸易之路。聪明智慧的景德镇制瓷工匠，从交换宝物中汲取外来文化作为丰富中华民族文化的营养，明代早期的青花传世品中不乏看到这种文化交流的结晶，可以看到一些具有西亚地区特色的造型器物，有的造型或纹饰与伊朗、叙利亚、土耳其等国家器物一样，有的在造型或纹饰上稍加改变，这些瓷器今天已被视为东西文化交流的历史见证，是研究中国与西亚地区伊朗、叙利亚、土耳其等国家人民友好往来与贸易交往等问题不可缺少的实物依据。

16世纪，葡萄牙人和西班牙人从东方带回的茶叶、丝绸、瓷器以及神秘的东方文化，极大地触发了西方人的好奇心。而西方文艺复兴运动引发的对传统的怀疑和批判，反过来更加深了西方世界对东方文明的敬仰和崇拜。欧洲上层社会很快以穿中国绸、喝中国茶、用中国瓷、谈中国事为荣。

由于数量稀少和制作精美，中国瓷器在当时的欧洲市场上比黄金还贵。在这一丰厚利润的驱使下，明代正德年间，葡萄牙商人开启了与中国的陶瓷贸易大门，获得了巨大的经济利益。由于中国瓷器在欧洲受到普遍欢迎，成为权势财富的象征，欧洲商人大量高价收购景德镇优质瓷器，极大地促进了景德镇民窑的发展。这一时期的景德镇瓷器由于接受国外商人的单独定制，更是对景德镇瓷器的纹饰、器型甚至制瓷工艺产生巨大影响。"克拉克瓷器"就是一个典型，克拉克瓷器就是当时景德镇外销到欧洲的最大宗的瓷器，它包括盘、碗、瓶、军持等，以盘最多且最具典型性。这种"克拉克"类型的瓷器就是深受欧洲装饰纹饰的影响，完全迎合了欧洲人的审美需求。

清代一朝，景德镇的瓷器外销在这一时期达到巅峰。随之而来的是中西方文化大碰撞、大交流、大融合。

康熙二十二年（1683 年）清廷收复台湾，重开通商口岸，景德镇陶瓷生产迅速恢复。康、雍、乾太平盛世，社会殷富，内外销市场空前繁荣，景德镇瓷器外销迎来了第二次高峰。此时英国、法国、荷兰、丹麦、瑞典诸国先后在广州设贸易机构与华商直接签订瓷器贸易合同，广州商人还设立公行作为进出口贸易代理，收取瓷器售价的 30% 作为代理费。欧洲客商除直接选购中国式样瓷器外，还大量定制适合欧洲文化习俗的产品。这些产品以克拉克瓷最为常见。此外，欧洲王公贵族还订制了一种印有家族徽章，以彰显其身份地位的纹章瓷，数量虽少，但极精致，对成型技术提出了更高的要求。除此之外，还有许多欧洲式样的餐具，据 1635 年荷兰驻台湾总监向阿姆斯特丹公司汇报订购中国瓷器的报告称，交给中国商人大盘、大碗、冷饮器、大罐、大杯、盐盆、小杯、荸瓶、宽边扁盘、带水罐面盆等木制样品。欧洲式样既有大件器，又有小件器，有的形制奇巧，均要求制作精致，这大大推动了中国民窑成型工艺技术的发展。

清代对景德镇陶瓷产生重要影响的就是珐琅彩瓷器。康熙皇帝十分注意汲取西方文化的养料，特别对传教士们从欧洲带回来的铜胎珐琅器情有独钟。他别出心裁命令试烧瓷胎珐琅，并在清宫内务府造办处门下设立"珐琅作"，调集了一批宫廷画家和民间名匠，所有彩料全部西方进口。瓷胎珐琅，我们多称为珐琅彩瓷器，多是从景德镇御窑厂烧制精细白瓷胎，器内施白釉，器外壁涩胎而填珐琅彩。由于欧洲人喜爱色彩瑰丽的瓷器，欧洲市场上的珐琅彩、墨彩瓷的价格是同类青花器的 4 倍。在高额利润的刺激与官窑的影响下，景德镇引进欧洲的珐琅彩，并将其改造为更适合工匠彩绘的"粉彩"，同时引进了西洋画法。

第五章 建设景德镇国家陶瓷文化传承创新试验区

2018 年 9 月，国务院批准创建景德镇国家陶瓷文化传承创新试验区。2019 年 7 月，《景德镇国家陶瓷文化传承创新试验区实施方案》获国务院批复，8 月 28 日，实施方案由国家发改委和文旅部联合印发。

建设景德镇国家陶瓷文化传承创新试验区，是中央给予江西特有的"大礼包"，更为景德镇创造了千载难逢的历史机遇。

168 万景德镇儿女在经历期待、喜悦之后，紧紧围绕"两地一中心"（国家陶瓷文化保护传承创新基地、世界著名陶瓷文化旅游目的地、国际陶瓷文化交流合作交易中心）战略定位，用无比饱满的激情和凝心聚力的实干投入到试验区建设中，努力打造世界感知中国、认识江西的国际瓷都。

打造国家陶瓷文化保护传承创新基地

被誉为瓷国皇冠上明珠的景德镇御窑厂，曾经是明、清两代御用瓷器的专门制造场所，也是我国唯一能全面系统反映官窑陶瓷生产和文化信息的历史遗存。

多年来，景德镇市把御窑厂遗址保护作为"一号工程"，不断推进以御窑厂为核心的大遗址保护工作，并加速推进御窑厂遗址申报世界文化遗产的步伐。

紧盯试验区建设打造国家陶瓷文化保护传承创新基地的目标，景德镇不断加强对陶瓷文化的保护传承创新。以御窑厂申报世界文化遗产为龙头，启动御窑厂遗址13.1公顷核心区、80公顷延伸区、240公顷"陶阳十三里"老城区保护，建设御窑博物馆，修复老厂区、老里弄、老窑址，并实施近现代陶瓷工业遗产综合保护开发及原"十大瓷厂"申报国家工业文化遗产等项目，以再现千年陶瓷文化遗迹、600年御窑文化遗址和百年陶瓷工业遗存。同时，加大非物质文化遗产保护传承力度，成功创建景德镇陶瓷文化生态保护实验区，推进景德镇手工制瓷技艺传承体系申报国家级非物质文化遗产，以及广泛开展非物质文化遗产代表性传承人、项目和生产性保护示范基地评选。

景德镇积极推动陶瓷文化产业创新发展。两年来，不断引导陶瓷企业退城进园，建成陶瓷智造工坊、陶瓷原料及检测中心，加快建设国际陶瓷产业合作园、手工制瓷基地名坊园三期等项目，使陶瓷产业实现了从分散到集中、无序到有序、低端到高端发展。同时，实施"文化+"战略，不断繁荣陶瓷文创产业，推动国家级文化产业示范基地和加快陶青台文创园等项目建设，打造陶瓷产业升级版。此外，大力发展高科技和特种陶瓷，成立了景德镇特种工业陶瓷技术研究院，启动占地面积3平方千米的高科技陶瓷产业研发生产基地，设立1亿元的特种陶瓷产业基金等。

打造世界著名陶瓷文化旅游目的地

2021年"五一"期间，景德镇共接待游客309.9万人次，同比增长159.3%，旅游总收入56.3亿元，同比增长273.6%，创下历史新高。与此同时，试验区建设项目中的陶溪川二期凯悦酒店、陶溪川大剧院均已建成，以"十景、三餐、两剧"为内容的精品旅游线路和新颖活动也准备就绪。

近年来，围绕试验区建设打造世界著名陶瓷文化旅游目的地的目标，该市全面深化文旅融合，不断完善旅游基础设施建设，精心打造经典旅游景区，积极开展旅游品牌创建和旅游产业全链条提升行动，形成了多业融合、全域联动的大旅游发展格局。实施总投资300亿元的58个重点文旅项目，重点建设陶阳里、陶溪川、陶源谷等陶瓷文化景区，推动景德镇水利枢纽工程、三间庙码头、中渡口码头等项目建设，打造昌江百里风光带、高岭·中国村、洪岩小镇等生态景区。同时，形成了以浮梁茶文化游、乐平古戏台文化游，以及康养休闲游、低空通航游、自驾房车游等乡村旅游新业态，高岭花海、浮梁茶海、香樟林海、智慧农园等旅游新景点脱颖而出。目前，陶溪川获批全国第一批国家级文化产业示范园区和获得2020年度中国最佳历史文化旅游项目金奖，昌江区成功创建国家全域旅游示范区，御窑、浮梁古县衙创5A级景区通过了规划评审。此外，大力发展文化创意体验和研学实践，建成了一批中小学生研学游实践教育基地，有省级和市级陶瓷研学基地200多个。

打造国际陶瓷文化交流合作交易中心

文化因交流而多彩，因互鉴而丰富。景德镇自古以来就是一座开放与包容的城市，形成了"工匠八方来，器成天下走"的盛况。进入 21 世纪，各类平台各种形式的文化交流活动几乎每天上演，吸引了国内外越来越多的陶瓷爱好者和艺术家前来交流与创作，目前有 3 万多"景漂"长期在此创新创业。

围绕试验区建设打造国际陶瓷文化交流合作交易中心的目标，景德镇市继续加强陶瓷人才队伍建设，通过承办第五届、第六届全国陶瓷行业职业技能竞赛、贯通陶瓷工程技术领域高技能人才和专业技术人才职业发展通道、新建技能大师工作室、开展"海智计划"工作站建设等方式，培育了一大批陶瓷专业人才。组建成立了招才引智局、景漂景归服务局，启动首届"镇宝"评选，最大限度吸引人才、服务人才。同时，不断提升陶瓷文化交流合作水平，积极参与"感知中国""今日中国"等国家外事外交文化活动和重大文化交流品牌活动，并依托与世界 72 个国家 180 多个城市建立的友好关系，广泛开展国际文化交流、国际合作办学、学术研修等活动。

下篇

御窑宝地　棋运昌盛

第六章　景德镇围棋的源流与传说

第一节　唐时古村落沧溪

——砌成围棋图案的古街道

据浮梁县旧志记载，沧溪村建于唐朝。僖宗乾符年间，大将军朱迁奉朝廷之命率部追剿叛军，屯兵浮梁朱家营，后举家迁徙定居沧溪，因朱迁属"沧"字辈，且村前临河，故取名"沧溪"。于是，沧溪开始了史无前例的嬗变。

十字街是沧溪的主要街道，间以二十六条巷道相互连通。街道正中一律铺设青石板，两侧用鹅卵石砌成福、禄、寿、围棋、铜钱等各种花纹图案，镌雕成一幅幅古朴亮丽的风情版画，置身其中，仿佛走进了中国民间艺术的殿堂。

十字街的南门口矗立一座"蜚英坊"，"蜚英"意为"文坛英豪"。牌坊端庄厚重、平稳大方，通体用青砖构筑，为"四柱三间五楼"款式。两旁设大小八字影壁，中间分三段青石平台踏步，称为"三步金阶"，顶部设"五步架式"的马头墙，称为"五凤楼"，其间镶嵌砖雕，纹案雕工细致、惟妙惟肖、栩栩如生。在江南，稍有些来历的村庄便可见到几座牌坊，几乎都是用青石条砌成，周遭没有任何建筑物烘托，远看近观都是清一色的高高大大孤孤零零。"蜚英坊"

是不可多得的牌坊，也许这样的设计，更能让那些能工巧匠施展才艺魅力，将民间艺术发挥到极致；也许这样的设计，更能体现朱氏家族的名门风范；或许还在传递另一种信息、一种理念、一种境界。

这是一座生命的杰作。它以其独特的造型、古朴厚实的风格，成为沧溪引以为荣的门户，成为沧溪千年历史的标志。

匆匆过客，茫茫人海，谁能想到，身边有一座山村叫沧溪，村里有一位名士叫朱宏。朱氏第十三世祖朱宏一生致力于理学理想的研究和传播，在沧溪建了一座"理学祠"，广交贤士，讲经传道，著书立说，有《礼编》《四书图考》《六经理仪》《惠绥集》等多部著作藏于宁波天一阁，并经常与南宋大理学家朱熹切磋学术，各抒己见。

朱宏善弈，常以棋道悟理学。

第二节　三贤湖畔的名士与围棋

三贤湖位于景德镇的母亲河昌江边，古时为一秀美小湖，现已建成浮梁县湿地公园。

佛印（1031—1098 年），俗姓林，名丁原，浮梁人。出家后名了元，号觉老，又名宝觉禅师。自幼聪颖，琴棋书画，样样精通，人称神童。12 岁于浮梁城北宝积寺出家，后曾任庐山归宗寺、杭州金山寺住持，宋神宗赐号"佛印"。佛印文学佛学造诣高深，与宋代大文豪苏轼、黄庭坚交好，浮梁"三贤湖"因此而名。

佛印少时，曾于竹林寺读《大佛顶首楞严经》，遂礼宝积寺（在今江西浮梁瑶里）日用为师，学习禅法。19 岁登临庐山，参访云门四世开先善暹，复参圆通居，师从云门四世延庆子荣，师赞叹说："骨格似雪窦，后来之俊也。"28岁，由于精究空宗，被称为"英灵的衲子"，而嗣善暹之法，住江州（今江西九江市）承天寺。其后，历住淮上斗方寺（在湖北省浠水县境内），江西庐山开先寺、归宗寺；丹阳（今江苏镇江）金山寺、焦山寺；江西大仰山等知名古刹，前后四十余年，德化广被，为人称颂。曾四度住南康云居山，接得四方云衲。

佛印禅师还整编白莲社流派，担任青松社社主，倡导弘扬净土思想。宋神宗曾敕赐金钵，以旌其德。佛印门下著名弟子有义天、德延、净悟等门生。元符元年（1098年）一月四日佛印禅师示寂，享年67岁，法腊五十。朝廷赐号"佛印禅师"。

佛印、苏东坡、黄庭坚三人往来密切，情谊笃厚，经常在一起吟诗作赋弈棋，谈经论道，史称北宋"三贤"，曾因三贤士月夜泛舟昌江，使昌江边上的一泓湖水沾了灵气，"三贤湖"便成为文人墨客唱不完写不尽的经典。南宋时出现题为宋苏轼撰的《东坡居士佛印禅师语录问答》，所记皆为苏轼与佛印禅师往复之语。

一、佛印苏东坡围棋"妙对"

佛印与苏轼、黄庭坚皆好诗、酒、茶、棋，常相聚对弈。

苏轼被贬杭州期间，常找佛印下棋饮酒。一日，苏轼入寺寻佛印，见其身边常伴的一小沙弥，欲与其开个玩笑，随口出一对问之："秃驴何在?"小沙弥常伴佛印，颇有文采，笑对曰："东坡吃草。"佛印与黄庭坚皆抚掌大笑。之后，三人松下落座，佛印与苏轼对弈，棋至中盘，双方大龙搅杀，佛印一大龙危险万分之际，老松树中几颗松子意外飞落棋盘，砸乱数子。苏轼欲恢复棋局，佛印说："我刚得一联，你若对出，才可恢复。我这上联是：'松下围棋，松子每随棋子落'。"苏轼恢复棋局之心急迫，一时竟未快速对出，正当佛印笑呵呵准备收拾棋盘之际，苏轼偶见湖边杨柳下，一老翁垂钓，即觅得下联，吟诵而出："柳丝垂钓，柳丝常伴钓丝悬。"佛印与黄庭坚皆抚掌称赞："好对！"于是棋局恢复，继续对弈。三人间不少妙对在民间广为流传。

二、泛舟昌江弈棋赋诗

北宋元丰七年（1084年），一天，苏东坡和黄庭坚前往银阳（今江西德兴），途经浮梁，宝积寺住持佛印禅师热情相邀尽地主之谊。三位老朋友酒过三巡，兴致正浓，便泛舟昌江。时值皓月当空，江面银光粼粼，微风拂面，山水一色，宁静致远。身处如此美景，苏东坡诗兴大发，随即赋诗一首：

娟娟月色欲分流，客立仙槎两岸浮。

雪浪飞鼋趋玉宇，金波顾兔下琼楼。

江心镜朗泛双鬓，地肺轮空写并头。

我欲乘风轻万里，雁声叫破海天秋。

苏东坡、黄庭坚、佛印三贤士月夜泛舟昌江弈棋赋诗成为一段千古佳话，三人之间的深厚友谊更是传为美谈。

三、三贤弈境东坡犹高

北宋士弈风气甚烈，范仲淹、欧阳修、韩琦、王安石、司马光、苏东坡、黄庭坚、佛印等无不热衷此道，尤其是黄庭坚。

黄庭坚，号山谷老人，是宋代，也可能是中国古代围棋下得最好的文人。他的有些围棋诗，体现了一个痴迷其中的围棋高手独特的体悟。"心游万里不知远，身与一山相对闲"，洗练蕴藉，亦形亦神，意象高远，为历代咏棋诗经典名句。"坐隐不知岩穴乐，手谈胜于俗人言"，以坐隐、手谈围棋典故入诗，见出潇洒儒雅、怡然自得的隐逸的人生境界。"心似蛛丝游碧落，身如蜩甲化枯枝"，以小衬大，见出弈人的殚精竭虑和围棋的无限玄机。黄庭坚还著有《棋经诀》，对围棋的战略战术有深刻的论述，对弈棋的心理有言简意赅的分析，从文中内容看，不是身经百战、技艺高超者，绝对写不出来。

佛印、苏东坡和黄庭坚，弈境孰高孰低？就围棋技术而言，黄庭坚是高手无疑。而东坡，从史书所载东坡弈事看，棋艺水平绝对在业余段位之下，所谓"东坡棋"，不过简单的模仿棋而已，佛印弈境居中。东坡自谓"素不解棋"，恐怕不是自谦。这般水平，有何弈境可言？可后人李东阳评价苏轼说："古之不善弈者曰苏子瞻，其言曰：胜固欣然，败亦可喜。用是知不工于弈者，乃得弈之乐为深。人之达于是者，可与言弈也。"依李东阳之说，东坡先生是得了围棋之三昧的。

真是横岭侧峰，见仁见智。细细想来，黄庭坚弈境之高，在于棋内，东坡弈境之高，在于棋外，佛印弈境之高，在于禅意。黄庭坚看棋，是金戈铁马，云谲波诡；东坡看棋是花开花落，云卷云舒。黄庭坚以"忘忧"解忧；东坡观棋、观人、观景、听声，无忧无虑，怡然自得。欧阳修在《醉翁亭记》中写道："醉翁之意不在酒，在乎山水之间也。山水之乐，得之心而寓之酒也。"由此看来，得酒之真味，不在于酒量，得棋之真趣，不在于棋力。

三贤爱棋，缘于古松流水棋声的外在美学弈境。悠游于超尘脱俗的美景和至爱亲朋的暖意中，佛印、苏东坡和黄庭坚三贤各自悟到随心自适、逸神忘机的围棋游戏真谛，由此妙想到人生哲思，提出了疏放旷达、超尘拔俗的围棋观。

魏晋士人安身立命，讲究"贵适意"，享受围棋，亦然。

第三节　元代青花五爪龙纹围棋罐

元代景德镇瓶、罐之类器型，采用分段制胎，然后用胎泥黏合而成，粘接处器表往往突起，给人以不平之感，外壁接痕经打磨，但内壁接痕仍清晰可见，器物颈部内侧略加切削，内壁均不修削，所以在器里的底、腹、口等处胎体接痕表现明显。一般器物的足边不规整，有弯曲现象，这说明元代制胎时不讲究修坯，因此显得成型工艺较粗糙。但小型器物也有精致者，胎质显得洁白细腻。削足处理方法常见底足足端外墙斜削一刀，大器足底宽厚多为挖足，挖足有深有浅。器物圈足不十分整齐，呈弯曲状。器底可见螺旋状的切削痕，大瓶、大罐的底部旋削纹较粗、较疏，盘和碗的切削痕较细、较密。底部和圈足内外粘有窑砂，有些已熔入釉中。高足杯的高足与杯身以泥浆拼接，交接处可见黄色或浆色挤压泥浆，杯把足端的圈足厚薄不一。子扣套合结构的盖，采用子扣与器盖先成型后粘接工艺，盖上能清晰地看见接痕。

碗的底部胎体较厚重，足内露胎，中心微微突起，俗称"脐"状，实为拉坯痕迹。瓶、罐等大型器物底部中心处常见一内凹的圆点，在烧制大器时，为防止塌底，需在底部中心或稍偏处放一个用耐火土做成的圆饼或圆圈作支点，圆点就是由此形成的。大罐底部多为宽圈足，不规整，有的底中心有较浅的螺纹痕迹。一般大件器物胎体厚重，但重量适中，如超重或超薄都值得考虑。

元代是中国围棋的衰退时期，但是元代围棋的普及程度却不逊于南宋，尤其是知识分子的戏弈相当流行。元文宗是元代最著名的好弈之帝。在元文宗的倡导下，朝弈曾盛极一时。元代围棋发展中最大的成果是《玄玄棋经》一书的编纂问世。《玄玄棋经》是江西庐陵围棋高手严德甫与晏天章合作的杰出成果。

如图 6-1 所示，元代青花五爪龙纹围棋罐，五爪龙纹乃官窑，为皇家所造。此围棋罐于景德镇出土，为后世研究当时全国围棋发展状况提供了有力的实物证据。景德镇制造的陶瓷棋具对当时社会全国围棋的推广起到了促进和推动作用。

图6-1　青花五爪龙纹围棋罐

第四节 明代才子解缙围棋巧对赢娇妻

解缙，明朝翰林大学士，堪称诗词名家，明朝三大才子之一，《永乐大典》的主编。有传他是江西吉水人，而浮梁民间一直传说他为浮梁县人，且传说极多。至今还流传其"巧对"赢娇妻的故事。

一次，告老还乡的李尚书不信解缙有此高才，他宴请几个权臣显贵下棋、品茶、吟诗，派人叫解缙前来赴会，想故意当众考究他一番。解缙来到李府，只见大门紧闭。家人说主人吩咐要他从小门进入，他站在大门口硬是不走小门。尚书管家闻情走来大声说："小子无才嫌地狭"；解缙即答："大鹏展翅恨天低。"尚书听了大吃一惊：呵，这小子口气倒不小，忙命人打开中门相迎。刚入席，一权贵便想借题嘲笑他母亲在家做豆腐，父亲挑上街叫卖的贫寒身世，对他说："听说才子能出口成对，今日请你以你父母职业为题如何？"解缙听了，明知是奚落自己，不慌不忙地吟道："户挑日月上街卖，手把乾坤日夜磨。"众人听了，无不拍案叫绝。那权贵却鱼骨鲠喉似的忐忑不安。另一显贵见解缙身穿绿袄，便也出一上联讥讽他："井里蛤蟆穿绿袄"；解缙见那人身穿红袄，灵机一动，说出下联："锅中螃蟹着红袍"。那显贵听了暗想：这小子好厉害，我把他比作活蛤蟆，他却把我比作死螃蟹。但又无理发泄，只好自认倒霉。酒过三巡，尚书见宾客对弈，心生一对，用手往天上一指，大声吟道："天作棋盘星作子，谁人敢下？"解缙听罢，用脚在地上一点，说："地作琵琶路作弦，哪个能弹！"

李尚书与众宾客皆赞其才与大志。老尚书心生爱才之意，遂将爱女许配给解缙为妻，成就民间一段佳话。

第五节　诸仙洞围棋传说

诸仙洞，位于景德镇市浮梁县寿安镇内，此洞整体如一倒放的葫芦，相传由八仙之首"铁拐李"的葫芦所变。前洞略小，能容二三百人，后洞宽敞，能容千余。风景秀美，八仙常在此聚会。

相传，一日天未全亮，一勤劳后生到诸仙洞之屏山砍柴。忽听得一阵阵箫笙管乐之声，后生好生奇怪，寻思此地荒山野岭，何来乐声？莫非仙人聚会？他抱着好奇之心，循着声音一路找去，见一大石洞，音乐就是由此传出，再一细听，男女之声都有。洞中不减灯火，却也通明透亮，后生将砍柴的"铳杠"放置洞口边，大胆步入动作中，手脚并用，穿过数十米狭道，见一稍宽敞之处，一持铁拐老者居中而坐，四周多人围坐，有的吹箫打板，有的弹琴歌唱，有的对阵下棋，有的喝酒聊天。后生欣赏一会儿歌舞，又去观二老者对弈，只见二人边下棋边吟，后生只记得：人间名利本无多，多去争来又如何？棋弈一盘有终局，胜负相随日月落！后生也不解其意，想起今日还要砍柴，又见洞内光线渐暗，便欲回返。此时，见持铁拐老者，抚须笑唱：洞中方七日，世上几千年。遂率众人往洞中深处飘然而去。后生追不上，只好摸黑出洞。待他走出洞，看到"铳杠"竟已腐烂，疑惑不止。后生急速回家，走到村中，见村民竟无一认识，到记忆中自家门口，见家中老者，也不相识，细细交谈，才知，自己砍柴失踪竟然是百年前村中发生的怪事。

后生从此在村中定居，村里人把后生发现的那个洞称为"诸仙洞"，每年八月十五，村民竞相到洞口祭仙，祈盼风调雨顺至今。

第六节　"珠山八友"王大凡以围棋入画

王大凡，中国陶瓷美术大师，能诗，并擅长国画。景德镇"珠山八友"之一。早年拜汪晓棠为师，其粉彩人物仕女受汪晓棠的影响较大。晚年时得海上画家马涛《诗中画》册，构图、造型遂受马涛影响。与王琦潇洒、奔放的画风相比，王大凡则显得规矩严谨，主题与配景相辅相成。笔下人物秀润、纹理清新、气韵浑成。首创粗细相间、兼工带写的"落地粉彩"画法，继承和发展了"浅绛"传统绘瓷技艺，画面浓淡，阴阳分明，神形活现，生动活泼。

王大凡琴棋书画由四条屏组成，分别以琴、棋、书、画为主题。画面采取"落地粉彩"画法，主题与背景相辅相成，画面中以高大秀俊的松树和近处山石为背景，画面中人物秀润、纹理清晰，或手抚古琴，或围棋博弈，或手捧书卷，或精心作画，神形活现，生动活泼，十分雅趣。琴棋书画是中国古代文人雅士的必修课程，也称"文人四友"，与琴棋书画相关的技能可以体现人的素质和修养，是中华文明的艺术载体，备受文人雅士推崇。王大凡此作品选取"琴棋书画"为题材，既能体现其个人作画风格，也使作品散发出浓郁的雅趣，令人赏心悦目。作品从有限的画面中传递出无限的信息，在画意、画蕴、画境诸方面，都堪称佳品。

第七节 景德镇围棋史话

　　诚如市围棋协会主席洪维平先生在《瓷都围棋》首期创刊词中所论，景德镇围棋"起于斗室之中，倡于街巷之间"，几十年"蹒跚而坚定地走了过来"。近年来，景德镇围棋迎来了阶段性的巅峰时刻，世界排名最顶尖的偶像级棋手古力、李世石莅景布道，本土少儿棋手远赴北京、杭州等地求学深造。三十年间，景德镇围棋终于实现了从默默无闻到声名鹊起的华丽转身。

一、桥下春秋

太白诗曰：

赵客缦胡缨，吴钩霜雪明。银鞍照白马，飒沓如流星。

十步杀一人，千里不留行。事了拂衣去，深藏身与名。

　　回望历史，20 世纪中叶是景德镇围棋拓荒的上古时代，一群围棋痴迷者如在荒漠中跋涉，在万分艰苦的环境中刀耕火种地播撒下围棋的种子。那又是激情燃烧的火热年代，那时的棋手一生清贫，却一辈子活得有滋有味。

（一）第一高手

　　1972 年，景德镇市棋类协会成立，办公地点设在珠山大桥下的桥洞内，在市体委的领导下主管围棋、象棋、国际象棋三大棋类运动。其中围棋由曹熙、肖杰负责。组建了景德镇围棋队和景德镇少年围棋队。当时的成人围棋总体水平在全省处于中游，少年队处于全省中上游水平。

围棋队每年通过比赛选拔前 3 名的选手，和教练员一起进行一个月的集训。当时参加集训的队员主要有：肖杰、余高盛、李浩川、朱平安、向正寿、邹亮平、余中华、杨勇等。少年队员有：付光明、盛玉煌、官平凡等。教练员有张学中、李诚等，他们都是市棋类协会专门聘请来的高手，或者是全省冠军，或者是上海围棋队的专业运动员，主要负责讲解和对局指导。在当时的计划经济体制下，国家向参加集训的队员发放补贴，就是少年选手每天也能领到两毛钱补贴，这在当年可是让同龄人羡慕的幸福生活。

自 1973 年开始，由于运动队伍逐渐扩大，为了便于管理，棋类协会分家，独立的围棋协会正式成立。第一届围棋协会主席为武厚忠；副主席为曹熙、肖杰、余高盛；秘书长为段万雍；向正寿等为委员。

当时围棋队的主要任务是参加比赛。先后在庐山、吉安等地参加了全省围棋比赛，景德镇也承办过全省围棋赛。此外，每年还组织到外地学习的交流活动。例如，在杭州棋院，景德镇围棋队与包括少年马晓春在内的杭州少年队举行对抗；在广州，对抗赛的对手中有广州围棋教练、职业五段陈志刚。

1982 年，第二届江西省运动会围棋比赛在景德镇举行，景德镇本土选手余中华勇夺少年组第一名。

余中华乃余高盛之子，一家三代习棋，家学渊源深厚。小学毕业即弃学专攻围棋。由于当时江西省没有专业围棋队，1982 年夺冠之后，少年余中华在其父余高盛的大力支持下自费到杭州学棋，后被定为专业三段。目前已是全国围棋界知名人士，广东江门棋院院长。近年曾多次回乡省亲与景德镇棋界朋友相言甚欢。

（二）东征西讨

20世纪80年代，珠山大桥下的景德镇围棋协会策划举办了一项重大活动，就是与九江的城市对抗赛。约定每月举行一次，持续时间达2年。对抗赛每方出领队兼教练1人，队员3人（其中少年棋手1人）。最后的结果双方大致胜负各半。

为了营造氛围，每逢周六日，珠山大桥下的围棋俱乐部就会举办大盘讲解活动，吸引全市的棋迷。当时的盛况，大盘讲解的日子就好比围棋的赶集日、棋迷的聚会日，珠山大桥下一时观者如潮。这期间，已经定为专业四段回家省亲的余中华也讲解了一盘他自己在职业比赛中的对局，对手是著名的杨士海七段（曾经担任过中日围棋擂台赛先锋），此局余中华获胜。

1982年，陈祖德在河北承德举办全国理工杯业余围棋赛，景德镇组队参加。正是在这次比赛上，景德镇围棋史上第一批段位棋手诞生了：余忠明定为业余3段，肖杰、段万雍、邹亮平、钟顺保定为业余2段。

受到全国围棋赛授予业余段位的启发，景德镇围棋协会于1984年在工人文化宫举办了第一期全市定级比赛。确定最高为1级，最低为20级。经过比赛，李应龙等8人被定为1级。若干年后的一代名将曾景文只定到3级。此后定级定段赛每年定期举行。1988年的定级定段赛在围棋协会所在地珠山大桥下举行。新锐鄢新平一鸣惊人狂揽9连胜夺取冠军，获得业余2段称号，同时被定为2段的还有徐刚、应军等人。

1986年抚州省运会，当时其他地市大都请的上海知青参赛，这些上海知青下放前多是上海少年队队员，棋力相当了得。景德镇代表队派出的全是本土选手。其中一盘棋，景德镇队的肖杰对阵九江卢新民，对手正是一位上海知青高手。由于当时比赛不计时，比赛进行到午饭时间还未结束，被裁判作封盘处理。午休时间这盘棋就变成了双方的"群殴"。经过集体研究，下午重新开战，双方都下出了最佳变化，最后九江卢新民半目险胜。

1986年市运会棋类比赛在华光饭店举行，邹亮平、向东寿、李应龙分获前3名。这次比赛之后，市运会棋类比赛停办多年。

（三）名将是怎样炼成的

从20世纪70年代开始，珠山大桥下的围棋协会每年开展集训、举办各种活动，组队参加全国、全省比赛，以老带新培养众多围棋高手，也培养出一批优秀的围棋裁判员。其中国家一级裁判员有：曹熙、肖杰、向东寿，国家二级裁判员有：段万雍、宋天顺、李浩川。

但是在那个年代下棋、学棋的环境之艰苦，确实是现在的棋童们无法想象的。

没有棋具，20世纪70年代的商店里根本买不到围棋棋具，棋手们充分发挥高智商的优势，全部自己动手制造棋具。棋盘分两种，简单的画在白纸上，高档的刻在木板上。在当时谁若是拥有一块木制棋盘，那可是相当值得炫耀的。对于当时的南昌棋手来说制造棋子可是个大问题，可是在千年瓷都景德镇，这方面就很能凸显优势了。当时的瓷厂很容易找到一种"纺织瓷"，圆圆扁扁空心的，大小刚好适合做棋子。白色棋子好办，刚好是瓷器的本色，黑子就要麻烦很多，必须自己动手涂上黑颜料。就是比赛，主办方也没有棋具。直到1984年在工人文化宫举办的第一期全市定级比赛，都要求比赛棋手自带棋子。当时的规定是持黑者带棋子。现在的棋童看到这里肯定感觉有趣吧？

没有棋谱，没有围棋书籍。当时的情况下，要想学习高手的棋谱就只能使用"手抄本"。至于围棋书籍，更是一种奢望，因为当时的国家队都难以找到棋书。

没有围棋理论，当时的围棋比赛只重搏杀，也只有搏杀，只知道吃子为胜。

没有完善的规则，说来有趣的是，当时的比赛是以吃子多少来计算名次。所以，比赛中大家都拼命吃子，吃下来的子放在自己旁边，等候计算胜负。比赛中还出现过赢5盘但吃子多的人最后名次高于赢6盘的人的情况。这种情况一直延续到20世纪70年代后期。

没有对手，和现在的网络时代相比，20世纪七八十年代要想找人下盘围棋，那是相当困难。除了有幸入选市围棋队的队员，其他围棋爱好者终其一生，可以交手的棋友很难超过10人。当年很多棋手都有过这样的经历：为了找高手下盘棋，往往要走很多路，在别人家门口守候几个小时，还经常碰壁。

无人知晓，这里还有个经典的故事，20世纪70年代的一天，围棋好手朱平安约了两个棋友在家中下棋，不知不觉下得晚了，"啪啪"的落子声传出来引起正在巡逻的联防员的警觉，他们以为是赌博活动，便在屋外蹲守。屋内激战到深夜，终局后一开门便被蹲守了几个小时的联防员给堵住了，抓赌者围着棋盘转了许久，都没有弄清楚这下得"啪啪"响的黑子白子是什么东西。这个故事告诉我们，当时的围棋活动仅在棋迷当中开展，其社会影响力与现在相比简直是天壤之别。

从条件来讲，当时下棋的人除了兴趣一无所有。正是依靠强大的兴趣支撑，正是因为一无所有的条件，最后锻造出的棋手都是高手级别的，所有高手的故事都是挑灯夜战到天明，再到天明……

（四）民间围棋方兴未艾

20 世纪 70 年代以后，市围棋协会先后在全市各大厂矿、院校、机关事业单位开展围棋讲座活动，大力推动了围棋在基层单位的普及。

当时围棋活动开展得最为活跃的首先要数黎明制药厂，该厂是江西省围棋队的冠名赞助单位。黎明制药厂每年都要组队参加全市围棋比赛，活跃的围棋爱好者有几十名，其中知名高手是李之源、孙德仁。

教育系统的围棋活动几十年来一直保持蓬勃发展的势头，这和教师队伍文化素质较高有很大关系。五中的围棋活动在名将肖杰的带领下风生水起，特别是少儿组，培养出徐刚、严智勇等众多日后争霸棋坛的风云棋手。六中也是围棋普及活动的一方重地。

20 世纪 90 年代，景德镇师范围棋兴趣小组组织师生共同参加的围棋比赛，学生选手杨晓东获得第一名。景德镇师范曾开展多场校际围棋交流比赛，其中与七中学生的对抗赛，七中大比分获胜；与景德镇高专的擂台赛没有下完；与瓷校的对抗赛瓷校胜，当时瓷校有两个高手，一个叫陈炳金，江西波阳人，一个叫许金利，浙江萧山人。景德镇师范在与人民瓷厂职工的对抗赛中获胜，与五二三厂、七四〇厂都开展过比赛交流活动。

昌河、六〇二所的围棋活动自成体系，有几十名经常参加全市比赛的高水平棋手，昌河代表人物是：王永明、马魁、余贵康等。六〇二所的卢普发是能够在全市比赛中获得名次的一方强豪。发电厂的高手是石其林。华风瓷厂、陶瓷机械厂、人民银行等单位各有一群棋迷，他们自发组织、自娱自乐，活动开展得有声有色。他们积极参与全市的活动，以棋会友、切磋技艺，可以说高手在民间。

二、江湖时代

> 天下风云出我辈，一入江湖岁月催。
> 皇图霸业谈笑中，不胜人生一场醉。
> 提剑跨骑挥鬼雨，白骨如山鸟惊飞。
> 尘事如潮人如水，只叹江湖几人回。

坊间向来有"象俗围雅"之说。象棋活动遍地开花，在全国任何一个城市、集镇甚至乡村的街头角落随处可见两个人低头下象棋，旁边一群人围观支着的场景。而在一般印象中，围棋是文人雅士在书房里的游戏。事实也正如此。这和围棋"易学难精"的特质有关。在景德镇的街头巷尾，零星的围棋对战难得一见，可是相对固定的棋摊早已有之。特别是 20 世纪 90 年代，鼎盛时期的广场棋摊就是景德镇围棋的江湖。可以说，在当时，没有泡过棋摊的，就不懂得真正的景德镇围棋。

20 世纪 70—90 年代，珠山大桥下围棋协会内的市围棋队、少年队集训和竞赛是激烈的胜负世界，街头棋摊就是围棋和酒、奇人奇行斑斓相染的浪漫世界。景德镇围棋的"江湖时代"就这样开始了。

（一）草莽的战场

在棋友的记忆中，景德镇最早的棋摊出现于 1977 年，练摊的是盛玉煌三兄弟，棋摊摆在斗富弄后街。棋摊初期主要是为了满足围棋爱好者之间对弈交流的需要而诞生的，后来经过演变，确实成为一种营生。所谓棋摊，就是在街头固定场所支些桌椅板凳，摆上棋具，备些茶水，吸引客人下棋，按局数收取棋盘费的所在。和现在满城的"棋牌室"运作模式相同，只是主营的项目不同罢了。当时经常到棋摊下棋的有：向正寿、樊应保、袁永凯等。盛玉煌三兄弟棋摊一直摆到 20 世纪 80 年代初，之后转作其他营生。摊主盛玉煌一生痴迷围棋，是一名真正的资深棋骨，2012 年还代表景德镇队参加了由本市承办的全国历史文化名城围棋赛。

存在因需求而生。20 世纪 80 年代后期，在人民广场一角，"安徽佬"又摆出棋摊，经营围棋和象棋，每局收取 5 毛钱棋盘费，供应茶水和快餐。据说一时生意火爆，来下棋的以围棋居多，这里很快成为围棋爱好者聚集的主要场所。摊主"安徽佬"生卒姓名不详，据说棋艺平平，后不知所终。

1990 年以后，景德镇棋摊的终极摊主向正寿终于华丽登场。笔者以为，老向在景德镇棋界的主要功绩是开辟了棋摊的鼎盛时代，其在景德镇棋界的历史地位可以比对《射雕英雄传》中铁掌水上漂裘千仞老前辈。向正寿，景德镇围棋界人称"辣子"，1962 年出生，1978 年学棋，纵横棋坛多年，棋风凶猛，计算力强，擅长搏杀。1984 年获全市比赛冠军，1986 年全省比赛第 7 名，1990 年获市运会亚军。至今仍活跃在全市比赛一线。

广场棋摊就摆在主席台下，旁边就是 20 世纪 90 年代景德镇最热闹的服装市场摊位。棋摊占地不大，一长溜桌台摆放着 10 余副棋局。平日总有四五盘棋，旁边观战的、支着的站成一圈。摊主老向自己不下棋，充任棋摊总教练角色，在棋局结束的时候偶尔就关键处简单点评两句。遇有外地路过的高手来会棋过招或者有水平较高的棋友点名挑战的时候，老向偶尔亲自披挂上阵。午饭和晚饭时分，棋摊开始热闹起来，所有的座位几乎全满。这时老向"快速转换"成大厨角色，在摊边灶台掂起锅铲为棋客们准备快餐，快餐一般是盖浇饭，3 元 1 份。棋客们一边端着碗，一边下着棋，口里还念念有词地讲棋评棋，这时的彩头也由 5 毛钱的棋盘费加码成 3 元 5 角的快餐加棋盘费了。

棋摊是真实的围棋"江湖"。它因需求而存在，因群众自发组织的特性决定了一开始就被烙上了当时历史条件下的独特印记。下彩，是棋摊最基本的"江湖"法则。一般来讲，下的都是小彩，最小的彩头就是赌棋盘费，即赢棋的一方不用付费，输棋的一方自然要单独承担两人总计 1 元的棋盘费。大彩一般 5 元或者 10 元。至于更大彩棋只是偶尔听说。

广场棋摊之外，在4321厂门口、河西茶山路口等地，也先后出现过类似的棋摊，曾经繁荣一时。

（二）骨灰级棋痴的天堂

广场的棋摊因为地处全市最热闹、最繁华的地段而一时成为全市围棋的交流中心。但凡会下几步围棋，略有些兴趣爱好的棋友闲来都会去看看热闹，因此人气相当旺盛。曾经泡过摊下过棋的不计其数，经常泡摊的有几十个，其中有很多"知名人士"，可以说是奇人奇行斑斓相染。

蟋蟀头，大名官平凡，彩棋大王，喜好隐藏真实水平而得名。具有准一流棋力。曾在新厂摆棋摊，称得上是20世纪90年代景德镇围棋史上不得不提的人物。

双枪将，大名樊应保，因象棋围棋两项全能而得名。

金咏池，棋摊第一知名人士，代表性人物，常务副摊主，天下第一骨灰级棋痴。笔者去棋摊下棋次数很少，观望次数很多。但凡每次去，必能看见棋摊巨侠金咏池的伟岸身影。据说此君下棋经常通宵达旦，盖世武功是战到深夜一边打瞌睡打呼噜一边下棋，呼噜一停必斩对方大龙。

查宝山，副摊主级别。十余年来听见这个亲切的称呼，一直以为是绰号。年初参加全市比赛，一看排阵表，居然是大名，不禁微微惊愕。

棋摊除开斗彩之外，留给笔者还有很多标志性的记忆。

比如让子的争吵，棋力不对等的棋客之间要下棋，还要带彩，怎么办？棋客们充分发挥创造性思维的优势，让子解决。但是让几个也是大问题。上手力争让少，下手力争让多，每天都有人为此争吵，争吵的时间有时都可以下完一局棋。争吵其实就是一个讨价还价的过程，争吵的主要内容一般是说：其实我的水平真的很烂。最后，必须等到德高望重的人物，比如摊主出来说话，争吵才会平息。

棋摊对弈的过程经常是双方斗嘴的过程。不在斗嘴上拿下对方，最后想靠数子赢对方往往是非常艰难的。棋摊最常出镜的招牌词汇："烂皮"，很差劲的意思，每局出镜率 10 个以上。"没弹性"，下棋下不过对手的意思，每局出镜率 3 个以上。"杀化的"，赢对方很多的意思，每局出镜率 5 个以上。"蓄"，景德镇方言，发音同"修"第二声，大概是养猪的意思。经典案例是某人先输几盘小彩，然后约战大彩狂赢。棋摊上相约 100 元以上重彩的棋局往往要"蓄"很长时间，战斗的结果会成为棋摊当日最被津津乐道的头条新闻。这个会"蓄"的人，是受到棋客们一致景仰的高手中的高手。

景德镇广场棋摊是棋客们真心的天堂，他们在这里一泡一整天，渴了喝矿泉水，饿了叫盖浇饭，没钱就赊账，嘴里"烂皮"不离口。外人看着落魄，他们自己内心却觉得无比快乐。也许这就是人生的辩证法！

（三）崭新的篇章

对于 20 世纪 90 年代的景德镇围棋而言，棋摊代表着一种无拘无束的开心和快乐。同时也浸染着某种深深的无奈甚或悲哀。直到新一届围棋协会成立，围棋的江湖时代终结。

2010 年，景德镇市围棋协会举行换届大会，时任昌江区委书记曹雄泰任名誉主席、洪维平任主席、施卫东任秘书长。此次换届之后，景德镇围棋进入了一个提升境界、破茧成蝶的高速发展时期。之后 10 年，全市围棋人口增长百倍以上。

2010 年承办第七届江西省"育苗杯"少儿围棋赛，来自全省的 11 个地市 536 名小棋手参赛，景德镇棋院队荣获团体冠军。2011 年承办中国围甲广西华蓝对阵上海移动队比赛。2012—2014 年，连续三年承办"瓷都论道·巅峰对决"世界冠军争霸赛。2013 年 3 月，《瓷都围棋》杂志创刊，时任中国围棋协会主席王汝南亲自题写刊名，景德镇市围棋协会主席洪维平作创刊词。《少儿围棋》编辑出版发行，每季度出版一期，创刊号发行 5000 册。《瓷都围棋》杂志一经发行便受到瓷都围棋界和爱好者的热烈欢迎。大家争相传阅，一时洛阳纸贵。2014 年举办"景东陶瓷"杯全国业余围棋赛，共有来自全国各地的 60 余名业余高手参加了比赛。其中有业余世界冠军 4 人，全国冠军 4 人。2015 年建成景德镇围棋文化交流活动中心。2016 年，景德镇市被中国围棋协会授予"全国围棋之乡"称号。2017 年，组建景德中药队参加城市围棋联赛 2017 赛季比赛并一举夺得总决赛亚军。2018 年，中国围棋协会授予景德镇市第一小学"全国围棋特色学校"称号，全国共 18 所，江西省设区市唯一一所，棋圣聂卫平九段亲临揭牌。2019 年，承办第十六届中国城市围棋联谊赛，景德镇代表队夺得团体总冠军。

新一届围棋协会成立以来，景德镇市每年都会举办设奖金的全市性围棋比赛，同时积极承办全国、全省围棋比赛。至今受邀来景德镇比赛、指导的全国围棋界知名人士上百人、职业棋手数十人，世界冠军 22 人，迅速推动了全市围棋活动的开展。全市围棋活动的发展，得到了各级领导的高度重视，景德镇市副市长熊皓多次参加在景举办的全国性围棋比赛活动并致辞，市人大常委会原副主任、市总工会原主席戴洪安对全市职工围棋活动开展关心备至，市体育局、珠山区委区政府、乐平市委市政府都积极支持围棋活动开展。景德镇市黑猫集团、景德中药、古镇混凝土、富祥药业、天新药业、祥发地产等各大企业对举办国际国内围棋大赛给予大力支持。《景德镇日报》、景德镇市广播电视台、《瓷都晚报》、景德镇在线网等各大媒体积极报道围棋活动。

（四）江湖强豪

经历 10 余年棋摊的浸泡，辅以每年全省全市各种围棋大赛的锤炼，由棋摊培养出来的新一代棋手逐渐显身。他们多是 20 世纪 70 年代生人，在 80 年代末中日围棋擂台赛掀起的围棋热潮中学会围棋，从全市大小棋摊上摸爬滚打出十八般武艺。自 90 年代后期，新一代棋手逐渐取代前辈，开始称霸景德镇围棋界。

"小眼镜"余志明 6 段，全省冠军，全国业余围棋名将，全市围棋比赛霸主级人物。棋风细腻，职业味浓厚，长于后半盘官子收束，形势判断具有职业水准。笔者每次在市赛中与之对阵，感觉总如"遭遇一场弥漫的梅雨"。

景德镇围棋江湖时代的一流强手，还有邱战飞、郑勇军、鄢新平、杨晓东、徐刚等。现在，"90 后"小棋手傅文栩、陈子敬等也已崭露头角，正在不断冲击着成年棋手的霸主地位。景德镇业余围棋以其整体的厚度，略逊于南昌排名全省前列，每年"伟梦杯"江西联赛都是三甲热门队伍，曾四次夺得联赛冠军。

第八节 荣获"全国围棋之乡"称号

2016 年 4 月，中国围棋协会向景德镇市人民政府发来复函，决定授予景德镇市"全国围棋之乡"称号。时任景德镇市委主要领导批示："景德镇获此殊荣，是我市对话世界的重要窗口。"这意味着在市委、市政府及市相关部门的关心支持下，景德镇市"全国围棋之乡"创建工作取得圆满成功，成为全国 25 个"围棋之乡"之一。2016 年与景德镇一同入选"全国围棋之乡"的还有中国围棋第一人、世界冠军柯洁九段的故乡浙江丽水等 5 个城市。

目前江西仅有 3 个"全国围棋之乡"，一个是每年举办全国业余围棋大赛"丰城杯"的县级市丰城。景德镇是全省设区市中第一个"全国围棋之乡"，如图 6-2 所示。此次创建成功标志着景德镇市围棋事业实现跨越式发展，江西围棋事业掀开了新的一页。

图 6-2　"全国围棋之乡"牌匾

近年来，景德镇市大力发展体育文化事业，市围棋协会大力加强围棋软硬件投入，促进围棋文化交流，推动围棋运动蓬勃发展。景德镇棋院在城区幼儿园、小学免费开展围棋普及课程，目前全市已拥有上万名围棋爱好者，瓷都优秀围棋选手在全国、全省各类围棋比赛中取得优异的成绩，围棋综合实力在全省保持领先地位。同时，近10年来，景德镇市多次承办全国围棋甲级联赛、世界冠军争霸赛等高水平赛事，海内外围棋高手多次来景德镇市比赛、指导。景德镇市为围棋事业所做的努力，得到了中国围棋协会和全国围棋界的高度肯定。

第九节　景德镇历代围棋诗词赏析

之一
观棋

（宋）苏东坡（浮梁三贤之一）

绍圣四年（公元 1097 年），东坡南贬海南儋县，儋守张中对东坡"事之甚至"，几乎天天来苏家串门，尤其好与苏过弈棋。次年四月的一天，张中又来与苏过下棋，东坡在一旁看着。枰上落子声，使东坡忽然想起十四年前游庐山时闻听棋声的一件往事，于是颇为感慨地写下了围棋文化史上千古名篇——《观棋》诗并序。录于下：

予素不解棋，尝独游庐山白鹤观，观中人皆阖户昼寝，独闻棋声于古松流水之间，意欣然喜之。自尔欲学，然终不解也。儿子过，乃粗能者，儋守张中日从之戏，予亦隔坐，竟日不以为厌也。

五老峰前，白鹤遗址。

长松荫庭，风日清美。

我时独游，不逢一士。

谁欤棋者，户外屦二。

不闻人声，但闻落子。

纹枰相对，谁究此味。

空钩意钓，岂在鲂鲤。

小儿近道，剥啄信指。

胜固欣然，败亦可喜。

优哉游哉，聊复尔耳。

《观棋》就诗性而言，算不得东坡诗的上品，可有人说，就弈境而言，堪称千古绝唱。何也？

之二

弈棋二首呈任公渐

（宋）黄庭坚（浮梁三贤之一）

偶无公事负朝暄，三百枯棋共一樽。

坐隐不知岩穴乐，手谈胜与俗人言。

簿书堆积尘生案，车马淹留客在门。

战胜将骄疑必败，果然终取敌兵翻。

偶无公事客休时，席上谈兵校两棋。

心似蛛丝游碧落，身如蜩甲化枯枝。

湘东一目诚甘死，天下中分尚可持。

谁谓吾徒犹爱日，参横月落不曾知。

偶尔没有公事可做，下下围棋，喝杯小酒，忙里偷闲，似乎有些辜负大好时光了。

坐隐手谈之乐，超过岩穴隐居，也胜过和庸俗的人们闲聊。

对弈浑然不觉时间流逝，公文堆积到已积尘，而客人已久等在门外了。

骄兵必败，多疑必失，我一边下棋一边提醒自己不可犯这样的错误，果然最后打杀敌军，真是酣畅淋漓。

偶然没有公务，遇到友人同样休息来做客，两人就坐着下围棋，边下边讨论棋路。

思绪仿佛蛛丝飘荡在天空，细细一缕却未曾断绝；身子则像在蝉壳遍地的树下专心致志捕蝉的人，化成了一段枯树枝般，纹丝不动。

这一处棋有如湘东王萧绎，只剩一个活眼，确实该被吃掉。但整盘局面势均力敌，我应当还能支持。

谁说我们这些人吝惜光阴？明明下棋下到快天亮，尚未发觉时间流逝。

之三
草亭

（清）金梦文

草亭新葺水云间，梅古松奇不用删。

椰酒也须千日醉，榆钱难买半生闲。

辇来江上丈称石，堆就池边朋是山。

风雨一帘僧共弈，无粮野鹤任飞还。

之四

升平乐（其四）

（清）金梦文

而今方享樵夫乐，绣谷丁丁伐木声。

信步高低芒底便，随缘雉兔担头横。

息肩坐石猜奇偶，厉斧瞻云计雨晴。

榾柮烧残团妇子，炉煨橡栗笑深更。

作者简介：金梦文，字季兰，浮梁人。县邑库生，早擅文誉，长于诗，好围棋，品望端重，清康熙年间被荐举掌乡饮酒礼。

之五

得罢西归别冢宰王岵云司徒张凤皋用

少司徒倪嵎同来韵二首（之一）

（明）朱一桂

瓦缶难容并鼎彝，一丝谁与系时危。

姑留昔讶宽为政，老罢今才罪有辞。

摽却三山云外缴，好从二老橘中棋。

江干握手成何语，笑指匡庐是故知。

挂冠神武岂非夫，何必君王乞鉴湖。

白雪唱头应和寡，青山伴结未怜孤。

但期四座樽中满，不叹终朝瓶底无。

遥望柴桑何处是，还将马足趁寒途。

作者简介：朱一桂，字庭芳，浮梁人。万历年间进士。曾任兵科给事中、刑部右侍郎，卒赠兵部尚书。清介自持，中立不阿，识者谓有古大臣之风。

第七章　重要比赛活动

第一节　承办全国围棋甲级联赛专场比赛

2006年以来，景德镇市先后承办全国围棋甲级联赛专场比赛11场，其中，2013年之前多次承办陈祖德九段任主教练的广西华蓝主场专场，2018年之后承接江西本地围甲队伍江西四特酒队专场比赛。历次景德镇专场比赛主队鲜有败绩，被围棋界称颂为主队"专场福地"。

2006年6月，承办2006年中国围棋甲级联赛平煤专场，棋坛泰斗陈祖德九段、著名国手刘小光九段等十几位国手来景德镇指导。

2009年5月，承办中国围甲联赛广西华蓝对阵上海移动队，世界冠军常昊九段、丁伟等十二位国手与景德镇市棋迷见面、交流。

2010年7月，承办中国围甲广西华蓝对阵北京中信，世界冠军孔杰九段等十余位国手瓷都献艺，陈祖德九段亲自挂盘讲解。

2011年9月，再次承办中国围甲广西华蓝对阵上海移动队，王元八段莅临瓷都现场携手陈盈初段大盘讲棋。

2013年6月，承办中国围棋甲级联赛西安曲江对阵辽宁觉华岛专场，王汝南主席、世界冠军崔哲瀚九段、著名国手刘小光九段等十余位围棋名将莅临景德镇，王汝南主席与陈盈初段联袂大盘讲解。

2014年10月，承办2014"金立智能手机杯"全国围棋甲级联赛第17轮，广西华蓝对阵山东景芝酒业景德镇市城开设专场。华以刚八段和陈盈初段现场挂盘讲解。比赛期间，华以刚在景德镇学院行政报告厅举行了"论生命在于脑运动"报告会。

2015年11月13日，承办2015"金立智能手机杯"全国围棋甲级联赛第20轮，广西华蓝景德镇"绿地"专场对阵中信北京之战在景德镇市朗逸大酒店举行。经过4局激战，最终主队广西华蓝队1：3不敌中信北京，主将之战李世石小败于陈耀烨。

2018赛季"华为手机杯"中国围棋甲级联赛第22轮比赛江西四特酒队"景德镇闲云涧·马鞍岭"专场主场对阵华泰证券江苏队，比赛于11月2日在景德镇市举行。比赛期间，应景德镇市围棋协会和景德镇棋院邀请，棋圣聂卫平九段莅临景德镇参加围棋活动并举行大盘讲棋。

2019年8月10日，承办2019"华为手机杯"中国围棋甲级联赛第12轮，江西四特酒队对阵深圳正方圆队乐平成功驾校主场专场比赛。

2019年9月16日，承办2019"华为手机杯"中国围棋甲级联赛季后赛第一轮，江西四特酒队对阵上海建桥学院队第二回合黑猫专场主场比赛。

景德镇市13年间承办了11场围甲专场比赛，这在全省乃至全国地级市中都屈指可数，这期间记录了很多故事和精彩瞬间。

一、2014 年全国围甲联赛"杀"进瓷都大学校园

2014 年 10 月 28 日，2014"金立智能手机杯"全国围棋甲级联赛第 17 轮，广西华蓝对阵山东景芝酒业景德镇市城开设专场在景德镇学院举行。这支来自广西的围甲队伍已经连续 8 年将比赛专场设置在瓷都景德镇，这标志着中国围棋界经过 15 年的努力，作为职业体育的围甲联赛运作得越来越成熟，完全得到了市场的认可。

本次两支队伍均是全国围甲劲旅，其中主队广西华蓝队拥有韩国外援、世界冠军李世石九段，客队山东景芝酒业队更是拥有江维杰、周睿羊、范廷钰 3 名世界冠军。广西队目前在全部 12 支围甲队伍中排名积分居第六位，山东队则排在积分榜第二位。两队首回合在西藏拉萨进行，山东队 2：2 主将胜。值得一提的是，这场比赛双方主将江维杰和李世石首局下成四劫循环无胜负，加赛之后江维杰胜出。

上午 9 时 30 分，中国围棋协会副会长、中国围棋著名的"三老"之一华以刚宣布比赛开始。本轮双方再次派出李世石和江维杰担任主将。四台对阵为：第一台快棋：陈贤对阵丁世雄，第二台主将战：李世石对阵江维杰，第三台：廖行文对阵周睿羊，第四台：张立对阵范廷钰。新浪体育、弈城网对比赛现场进行全程直播。中央电视台、江西电视台也派出记者对比赛进行现场报道。

比赛的同时，系列围棋活动在景德镇学院举行。上午 10 时，华以刚在景德镇学院行政报告厅举行了"论生命在于脑运动"报告会，报告会现场气氛热烈、座无虚席。下午 3 时 30 分，现场大盘讲解活动在学院一楼会议厅开展，主讲分别

是华以刚和中央电视台围棋节目主持人陈盈初段。数百名大学生、小棋手及来自本市各行各业的棋迷将偌大的大盘讲解现场几乎"挤爆"。4时30分，国手指导棋活动在景德镇学院体育场露天举行，共有60名小棋手接受了7位国手的车轮战指导。

下午5时许，最后一局结束，经过近7小时的鏖战，广西华蓝队在景德镇"福地主场"以3：1战胜山东景芝酒业队，获得了围甲征程中关键胜利并全取3分。其中第二台主将之战韩国外援李世石名不虚传，力克江维杰；第一台快棋是两员小将之争，广西队陈贤胜出；第三台广西队20岁小将廖行文不负众望爆冷击败世界冠军周睿羊；第四台最后结束，广西队张立苦战后虽然小败于世界冠军范廷钰，但是并不影响比赛的结果。据悉，自2008年以来，广西华蓝队每年必有一专场比赛设在景德镇，而且奇迹般地从未失利。今天胜利后，广西华蓝集团董事长雷翔及华蓝队领队、教练都大声赞叹瓷都景德镇是广西华蓝队的福地。

此次围甲专场比赛，首次将赛场设在大学校园，数百名大学生和小棋手观看现场大盘讲解，职业棋手华以刚开设讲座，世界冠军和大学生在操场摆下车轮战"厮杀"。职业体育赢得了市场，群众体育找到了亮点。

景德镇学院以此次专场比赛为契机，在大学中普及围棋运动，于2018年开设了"围棋与中国文化"选修课。大学生们对开展围棋活动兴趣很大，对选修围棋课热情很高，他们认为，围棋可以增加个人文化修养，更可以形成校园文化的独特风景。

二、2015年国手陈耀烨九段家乡献技

2015年11月13日，2015"金立智能手机杯"全国围棋甲级联赛第20轮，广西华蓝景德镇"绿地"专场对阵中信北京之战在景德镇市朗逸大酒店举行。经过4局激战，最终主队广西华蓝队1：3不敌中信北京，主将之战李世石小败于陈耀烨。

本次比赛两支队伍均是全国围甲传统劲旅。主队广西华蓝队韩国外援李世石九段曾获得15次世界冠军，客队中信北京队拥有3位世界冠军，其中孔杰九段曾获6次世界冠军，陈耀烨九段、柁嘉熹九段各获得1次世界冠军。值得一提的是，陈耀烨九段的父亲就是土生土长的景德镇人，现在他还有很多亲属在景德镇生活，2014年3月，景德镇围棋协会还特邀陈耀烨与韩国崔哲瀚九段在景德镇市举行"瓷都论道·巅峰对决"系列活动。

但是目前两队同时处于低谷状态，面临保级压力，可以说是难兄难弟。11月8日围甲战罢第19轮，在全部12支围甲队伍中，中信北京队积25分排名第9尚未完全脱离保级区，而广西华蓝积23分排名倒数第二，更是命悬一线，唯有殊死一搏。幸好世界瓷都景德镇一直是广西华蓝的"福地"，2010年7月，广西华蓝就在景德镇设专场战胜了当时的全国围甲领头羊中信北京，陈祖德九段（已故前中国棋院院长）亲自挂盘讲解。本赛季上半程双方首回合交锋，中信北京2：2主将胜广西华蓝，但当时广西华蓝外援李世石九段并未出场。

上午9时30分，中国围棋协会主席王汝南八段宣布比赛

开始。

经过前一晚对阵编排，本轮双方不出意料分别派出李世石九段和陈耀烨九段担当主将出战第一台，经猜先陈耀烨执黑先行。第二台由张立六段对柁嘉熹九段；第三台陈贤五段对战钟文靖六段，前三台每方用时为3小时，中午封盘。第四台快棋规定每方用时45分钟，由廖行文五段对阵蔡竞六段，于下午1时开战。新浪体育、弈城网对比赛进行现场全程直播。《江西日报》及景德镇市各路媒体纷纷派出记者对比赛进行现场报道。

下午4时，现场大盘讲解活动在朗逸大酒店十楼会议厅举行。王汝南八段亲自解说了李世石九段和陈耀烨九段的主将大战对局。大盘讲解现场气氛热烈，数百名瓷都棋迷和小棋童观看了比赛讲解。现场互动环节，3名答对问题的小朋友幸运地获得了国手亲笔签名棋扇。

下午5时20分，最后一局结束，经过7个多小时的鏖战，广西华蓝队1：3，败于中信北京队。其中主将之战李世石中盘出现问题手，后半盘虽奋力追赶，无奈陈耀烨从容应对，李世石最终小败；第二台张立屠龙胜柁嘉熹；第四台快棋是两员小将之争，廖行文负于蔡竞；第三台战至最后结束，陈贤半目负于钟文靖。

三、2018年江西四特酒队景德镇主场击败围甲领头羊

2018年11月2日，2018"华为手机杯"中国围棋甲级联赛第22轮，江西四特酒队"景德镇闲云涧·马鞍岭"专场主场对阵华泰证券江苏队，比赛在景德镇市朗逸酒店举行，经过6个多小时的激烈争夺，江西四特酒队3：1击败联

赛领头羊华泰证券江苏队，全取 3 分，继续在积分榜上名列第三位，并且将与第二名苏泊尔杭州队的积分差距缩小到 1 分。棋圣聂卫平九段、美女棋手王香如初段在朗逸酒店十楼会议厅为近 200 名棋迷进行大盘讲解，讲解本场比赛主将之战辜梓豪对阵芈昱廷的对局。

棋圣聂卫平讲棋一向妙语连珠，本场也不例外，看到开局芈昱廷点"三三"，聂卫平立刻表示不敢苟同，此前聂卫平曾多次表示过不同意现在开局就点角的下法。美女王香如说现在 AI 都是开局就点"三三"，聂卫平仍不以为然："就算 AI 都这么下，我也认为不妥。"台下观众听得如醉如痴。

本场主将之战由江西队最年轻的世界冠军辜梓豪对阵目前世界排名第一的江苏队芈昱廷。这两位也是近来国内最"红"的棋手：江西队主将辜梓豪两天前刚刚夺得"阿含桐山杯"冠军，而江苏队主将芈昱廷上个月 7 天之内连夺名人和"倡棋杯"两冠。布局阶段，辜梓豪白棋在左下先捞了不少实地，但是黑棋也获得了很厚的外势，至 61 双方形势大致相当。黑 87 芈昱廷下出了一步"肩冲"的好手，黑棋下面形势急剧膨胀，白棋形势不容乐观。局后，辜梓豪也说这盘棋前半盘形势不好。一番眼花缭乱的转换过后，辜梓豪破掉了黑棋下方大模样，但芈昱廷在中央也获得了很多实空。进入官子阶段，辜梓豪下出了 126 二路扳的好手，此时黑方不能挡，否则外围出现漏洞，中央将被白棋破光。无奈之下，芈昱廷只得选择妥协，局势向着细棋方向发展。小官子阶段辜梓豪越战越勇，芈昱廷则似乎偶有失误，最后辜梓豪中盘获胜，为江西队拿下了分量最重的主将战。7 天之内辜梓豪在主将位上取得 3 连胜，力保江西队在积分榜上名列前茅。

第四台江西队小将屠晓宇发挥出色，面对强敌赵晨宇毫不畏惧，中盘阶段连续提掉对方数子，逐渐占据上风。后半程赵晨宇奋力追赶，但屠晓宇判断准确，最终擒下对手，个人也取得了围甲3连胜。

第一台江西队许嘉阳执黑对童梦成，布局阶段黑棋就抢占了不少实空，中盘阶段许嘉阳突入对方中腹，一举取得优势。后面官子阶段黑棋略有退让，局面变得很细，但许嘉阳早已成竹在胸，将微弱优势保持到最后。快棋战杨楷文在激烈的战斗中一着不慎惜败给对手黄云嵩，不过并不影响大局，江西队最终以3∶1击败领头羊江苏队，啃下了最硬的一块骨头。

赛前的欢迎晚宴上，棋圣聂卫平笑言："我觉得最好的结果是2∶2江西队主将赢，双方皆大欢喜。"而江西省围棋协会名誉主席洪礼和则尽力为本队的小伙子们减压："输给江苏队也不丢脸。"当3∶1获胜的消息传来的时候，聂卫平和洪主席都大喜过望，连声称赞："景德镇连续10次围甲主场保持不败，果然主场福地名不虚传。"

四、2019年辜梓豪主将胜范蕴若

2019年9月16日，2019"华为手机杯"中国围棋甲级联赛季后赛第一轮，江西四特酒队对阵上海建桥学院队第二回合黑猫专场主场比赛在景德镇市朗逸酒店十楼会议厅举行。江西四特酒队和上海建桥学院队在常规赛阶段分别排名第6和第7。经过激烈角逐，虽然江西四特酒队第一主力辜梓豪九段在最为关键的主将之战中战胜上海队主将范蕴若八

段，无奈队中其他 3 名队员均落败，最终 1∶3 不敌上海建桥学院队，总比分 3∶5 惨遭淘汰，无缘第二轮比赛。

上午 11 时比赛正式开始，没有午休时间。战至下午，第三台上海队李维清六段率先击败江西队韩国外援卞相壹九段，紧接着江西队中国职业围棋等级分排名第 5 位的辜梓豪在第二台主将对决中"大开杀戒"，屠龙击败范蕴若，江西队形势顿时一片大好，剩下两局只需拿下一局即可出线。本场比赛第一台快棋比赛因进行电视直播，在中央电视台演播室举行，王星昊三段和屠晓宇五段再度交手，结果王星昊"复仇"胜出，助上海队反超比分。最后一盘较量中，上海队老将胡耀宇八段与江西队名将许嘉阳八段鏖战 7 个半小时，胡耀宇以最微弱的优势半目胜。

本赛季常规赛经过 15 轮单循环比赛，江西四特酒队排名第 6，上海建桥学院队在最后一轮神奇地 4∶0 完胜常规赛领头羊苏泊尔杭州队，从赛前的排名第 10 跃升为第 7 名，跻身季后赛争冠队伍。季后赛首回合比赛在上海队主场上海建桥学院举行，双方 2∶2 打平。比赛胜出后，上海建桥学院队将于 10 月 5 日、7 日与龙元名城杭州队争夺四强的席位。

江西四特酒队是中国围棋甲级联赛中平均年龄最年轻的队伍，朝气蓬勃、冉冉升起，队中选手都是中国职业围棋联赛的希望之星，上赛季以黑马姿态勇夺联赛第 4 名。

第二节　第十届"倡棋杯"半决赛

2013 年 8 月 21 日上午 9 点半，第十届"倡棋杯"中国职业围棋锦标赛半决赛三番棋首局比赛在景德镇市紫晶宾馆揭开战幕。

半决赛对阵为时越九段执黑对阵檀啸八段，连笑七段执黑对阵刘星七段。时越对檀啸一局，序盘前30余手都很平稳，时越第35手侵消白阵，檀啸进行反击，双方开始在中腹发生战斗。等到檀啸将右上掏掉并顺利出头后，战斗告一段落，研究室王汝南、华学明均认为檀啸的白棋稍优。不过，此后的收束，时越下得非常出色，虽然并未下出什么惊人的手段，但棋局形势已逐渐向黑棋倾斜，研究室里，华学明忍不住赞叹："时越这后半盘下得真是太好了！"终局时，按照应氏规则填满计点，时越以1点小胜。

连笑对阵刘星的这盘棋从序盘开始双方就展开激烈的对攻，战火蔓延全盘。中盘过后，双方在中腹各有一条长达三十余子的大龙都只有一只眼，但连笑获得先手，在左下角扳虎做眼，刘星无奈，只能冒着左下角出棋的风险硬生生破眼，否则，连笑黑大龙如果做出两只眼，白大龙只能一命鸣呼。实战被连笑夹入左下角，刘星仍然很顽强地在左下打劫争胜负，此劫如果刘星能胜，则胜负尚可争，如连笑胜，则白棋连大龙带左下角全灭。经过60多手的劫争，刘星终究劫材不足，只得认输。

当天下午，中国围棋协会主席王汝南八段携手中国女子围棋队领队华学明七段现场大盘讲解，王老首先介绍了"倡棋杯"的规则及中国围棋的发展，讲解时，因为听众大部分是少儿棋手，王老和华学明讲得极为细致，并不断提出问题，邀请孩子解答，气氛轻松愉快。

8月23日，半决赛三番棋第二局比赛结束，时越、连笑均执白不计点获胜，从而以2：0的比分零封对手，会师冠亚军决赛。

时越檀啸之战，序盘双方两分，进入中盘时执黑的檀啸逐渐取得了优势，在弈城讲解中韩天元战的党毅飞四段也认为檀啸形势不错。但此后时越在中腹断一个寻找头绪时，檀啸应对不够简明，结果中腹被时越侵消。等到白棋150、152飞之后，时越巨厚，此时白棋已将形势逆转。官子阶段檀啸又小亏了1目左右，临近终局时，檀啸黑棋只领先5目，贴不出目已成定局，檀啸遂停钟认输。

连笑刘星之战，两位对局者仿佛要重演首局的屠龙大戏，只不过屠龙方变成执黑的刘星，行至中盘时，刘星硬吃中腹连笑白大龙。连笑以劫抗争，此后的双方围绕打劫反复争夺，刘星虽然赢了劫，但下方被白方侵入，再次成劫，此劫仍然关系到中腹白大龙死活。争夺了数回合后，连笑准确判断形势第196手弃劫，转而吃住右下角两颗黑子，棋局至此，白棋小胜已定。286手，刘星认输。局后，刘星说自己以为吃住白大龙肯定赢了，没想到最后还是不够。进入决赛的连笑最近势头很猛，继上周打进"阿含桐山杯"决赛后，本次再进决赛。

这样，时越和连笑两位"90后"小将会师冠亚军决赛。此届"倡棋杯"冠亚军三番棋决赛后于10月下旬在上海进行。

"倡棋杯"中国围棋职业锦标赛是一项中国国内的围棋比赛，由中国围棋协会和上海应昌期围棋教育基金会联合主办。"倡棋杯"创立于2004年，每年举行一届，固定于10月23日开赛，以纪念为围棋运动作出卓越贡献的应昌期先生的诞辰。"倡棋杯"使用应氏规则，冠军奖金为45万元人民币，亚军奖金为 15 万元人民币。

第三节 景德中药队城围联征战记

城市围棋联赛是中国体育改革、全民健身和文化体育产业发展大背景下诞生的国际性围棋联赛，是首个采取全市场化运作方式组织、具有自主品牌的大型围棋赛事。

中国城市围棋赛（后简称"城围联"）是采用接力赛形式的团体赛，参赛队伍由 5 到 10 人组成，以业余高手为主、职业棋手为辅。每轮比赛，交战的两支队以一盘棋决定胜负。比赛分序盘、中盘和收官三个阶段，各阶段参赛双方必须换不同棋手上场，此外比赛还设暂停、换人和场外指导，以增添悬念性和戏剧性。联赛将采取赛会制和主客场制，分常规赛和季后赛两个阶段进行。比赛跨年度举行，第一个赛季即 2015/2016 赛季共有 18 支俱乐部代表队参加，划分为东部、南部和西/北部三个赛区，进行 100 多个场次的比赛。

城围联 2015/2016 赛季于 2015 年 6 月 13 日在广西南宁开赛，共在 20 多个城市开展了 110 多场比赛。该季冠军争夺战决胜局，南宁天元执黑中盘胜成都恒泰，夺得冠军。

2016/2017 赛季参赛队由 18 支扩军到 24 支，香港、澳门、台北和韩国首尔等城市和地区组队参赛，也有个别队伍易主重组。在最后决胜局的较量中，韩国首尔队执白中盘击败"黑马"北海弈海清风队，以 2：1 的总比分夺得冠军，并收获 88 万元冠军奖金。拥有韩国当红新锐棋手申真谞六段、申旻埈四段以及中坚棋手李映九九段的首尔队，被戏称为"半支韩国国家队"。

城市围棋联赛经过两个赛季的运营，发展迅猛。

2017/2018 赛季，城围联版图再度扩大，参赛俱乐部由上赛季 24 支扩军至 32 支，马晓春九段、刘小光九段、曹大元九段、时越九段、党毅飞九段、周睿羊九段等多位棋界名宿、顶尖棋手重磅加盟。

城围联 2017 赛季最具激情的故事必然属于景德中药队。这是一支赛季新军，却在高手如云、强队如雨的城围联江湖之中掀起血雨腥风，勇夺亚军。

一、2017 赛季，震惊棋界的瓷都传奇

回顾赛季征程，景德中药队惊险与幸运交织，一路走来都是传奇。

景德中药队来自世界瓷都、"全国围棋之乡"江西景德镇，历史悠久的陶瓷文化和内涵丰富的中药文化与围棋文化融为一体，中药养生、陶瓷养情、围棋养性，围棋是国技、瓷器是国粹、中医药是国学。城围联 2017 赛季，景德中药围棋俱乐部向世界讲述了一支新军传奇的"三国"故事。

（一）城围联新军

景德中药队由江西景德中药股份有限公司独家冠名。领队施卫东是景德镇市围棋协会秘书长、景德镇棋院院长。

主教练陈耀烨九段是景德镇籍的中国围棋职业选手、世界冠军；副帅王昊洋六段担任教练兼队员，王昊洋在 2017 年 6 月结束的第 3 届"梦百合杯"世界围棋公开赛 32 强比赛中以半目优势击败日本人工智能 DeepZenGo，被誉为"唯一一

位在正式世界围棋比赛中击败人工智能的人类选手"；队员有马逸超五段、张家豪四段、王祥云三段、胡傲华三段、许瀚文二段、李鑫怡初段等职业高手和薛溪瑶6段、余志明5段2名本市业余豪强。

景德中药队虽是新军初战，但是队中多名队员都参加过2005、2006赛季比赛，是城围联资深选手。组队之初，全队上下士气高昂、齐心协力。但是客观分析，景德中药队把自己整体实力定位在围棋联赛2017赛季32支队伍中游，本赛季目标是力争小组出线，争取晋级季后赛。

（二）魔幻B区郁闷的揭幕战首秀

经过抽签，赛季新军景德中药和南昌天强国昇两支江西队伍同分在B区，纵观B区虽不乏强队，但在常规赛四区之中总体实力并不显山露水。进入季后赛，B区出线队伍整体爆发，险些包揽四强。在1/4决赛中，B区排名前3的景德中药、衢州弈谷和首尔岳权先后战胜对手进入决赛，唯有海口银湾不敌武汉丰达，错失城围联一段佳话——这是后话。

城市围棋联赛2017赛季揭幕战于6月24日至25日在南宁国际会展中心举行。联赛新军景德中药队初战亮相开局不利，仅取得1胜2败的成绩，在B区8支队伍中积分靠后。两盘败局都输得极为郁闷。

第1轮比赛景德中药对阵衢州弈谷，弈至终盘景德中药队一直保持微弱优势，但因队员对今年新修订的比赛接力规则不够熟悉而造成超时负，殊为可惜。第2轮对阵2016赛季总冠军韩国首尔岳权国际队，景德中药队选手顽强拼搏半目险胜。在关键的第3轮比赛中，弈至小官子阶段，景德中药执黑盘面 12 目，已成必胜局面，为了锻炼新人，教练派出 15 岁本市小将薛溪瑨六段出场，不料薛溪瑨第一次出战重大比赛心理紧张收官连续亏损，最后痛失好局。

（三）幸运 11 连胜

揭幕战第三局下完之后，景德中药围棋俱乐部董事长徐葱茏、领队施卫东回到驻地立即召集全体队员谈心、重新制定纪律和下一阶段目标。事后再看，这是一次重要转折的开始。

7 月 8 日、9 日，城市围棋联赛 2017 赛季 B 区景德镇赛会第四到七轮比赛在瓷都景德镇朗逸大酒店十楼会议厅举行，4 支队伍捉对厮杀，第四、五轮景德中药对阵悉尼众弈，南昌天强国昇对阵澳门星云，第六、七轮交换对手景德中药对阵澳门星云，南昌天强国昇对阵悉尼众弈。最终主场的两支江西队伍双双全胜四局。七轮过后，B 区全部 8 支队伍中，景德中药队 5 胜 2 负积 10 分排名靠前，终于稳住了阵脚。

7 月 8 日上午，比赛开幕式隆重举行，在队员见面环节出现了有趣的现象，主场队伍景德中药 8 人上台，客队悉尼众弈只有 4 名队员。饶是如此，景德中药教练王昊洋六段依然排出了最强阵容出战。其原因是在南宁首站比赛中景德中药因为队伍磨合问题两次痛失好局，第四轮主场作战不容有失。本轮景德中药主场执黑先行，教练派出女将首发出场之后连续遣出马逸超等主力队员决胜中盘，最终因盘面差距较大悉尼队中盘认负。第五轮悉尼众弈奋力拼搏依旧无功而返。第六、七轮交换对手对阵澳门星云，景德中药队诸将气势如虹，乘胜追击再下两城。本次赛会江西的另一支主场队伍南昌天强国昇也全胜四局。

在常规赛剩下的赛程中，景德中药突然如有神助，一路势如破竹，先后两胜海口银湾、双擒深圳前之海，在9月举行的南宁赛会中连胜3局，以一波令人目瞪口呆的11连胜终结常规赛之旅，将B区第一名收入囊中，昂首挺进季后赛。

1/8决赛景德中药气势如虹，战胜重庆方圆跻身八强。在超额完成了赛季目标之后，迎来了劲敌长沙隐智。

（四）1/4决赛，一波三折的激斗

10月22日，城市围棋联赛1/4决赛景德镇·古镇混凝土专场景德中药对阵长沙隐智比赛在景德镇主场举行。本场比赛精彩的开幕式表演、城围联标志性节目围棋宝贝操和极具创意的开棋仪式给现场嘉宾带来了巨大的视觉冲击和享受。中国围棋协会主席王汝南、城围联董事长雷翔、景德镇市副市长熊皓及专场冠名企业古镇混凝土有限公司董事长邓慧明分别在开幕式上致辞。

本次比赛的客队长沙隐智是一支传统强队，参加过全部三届的城围联比赛，是城围联最为成熟的队伍之一。他们大赛经验丰富、个人能力出色，既有彭立尧五段、叶桂五段、李维清五段、舒一笑四段、蔡文驰四段、周元俊三段这样的新、老领军人物，又有默契的团队配合，三朝元老已然是成熟与稳定的"标签"。长沙隐智本赛季常规赛开局不错，之后与天津鹏峰汽车平分秋色，虽两胜桂林合和，但两负宁波疏浅，双败于广州华夏汇，一度濒临被淘汰的境地。幸而闭幕战又来了个三连胜，有惊无险稳住阵脚，以A区第三名出线。16 进 8 之战勇胜强大对手成都想当年，士气大振。长沙隐智联赛最好成绩是首赛季的 4 强。

1/4 决赛采用三番制。首局比赛中，主队景德中药率先派出本市名将余志明业余 5 段上场，长沙隐智队则由女先锋叶桂五段抗衡。景德中药执黑棋布出小林流，之后双方都很谨慎，避免"狗狗"招。长沙隐智在右上作战有点亏，但白左半盘布局很开阔，有得一战。白军在右下一带黑势中迅速求安定，当叶桂第 34 手认真考虑应对时，教练叫了第一次暂停，但只用了 10 秒，目的是告诉叶桂此处只此一手"虎"。接着，叶桂被换下，长沙隐智上了舒一笑四段，黑军则派上了张家豪三段对抗，两军将战场转移到了左边，攻防精彩纷呈。黑军打入挑起战端，60 手战罢，第二阶段双方主力相遇，长沙隐智上了韧劲十足的李维清五段，景德中药上了强悍的马逸超四段。战至黑 89 手"虎"补，景德中药队在左边一带得分，黑全局约 55 目，白 42 目，黑目数虽暂时领先，但战局还很胶着，胜负之路还长。为打开局面，白第二次叫暂停后突出奇兵，李维清指挥第 92 手在右边黑阵一碰，试图搅乱战局，强行破空。战至第 124 手，白棋在右边拼搏有点小成功，战局由局部劫争演变成白军攻击右上黑旅的攻防战，似乎有转机。第 141 手，第二阶段结束，景德中药上了第一主力王昊洋六段，长沙隐智则上了业余棋手周恒逸 5 段。周恒逸是否能扛得住王昊洋的打击，颇引人注目。幸而周恒逸下得有章有法，顶住了王昊洋的一波又一波攻击，第 172 手时迎来了与景德中药队女将李鑫怡初段对垒。紧接着，周恒逸完成规定的 20 手，长沙隐智第一主力彭立尧方登场，与李鑫怡展开官子大战。这时，依然是黑方稍优局面，彭立尧在官子战中顽强支撑，在右边制造出一"劫争"，遗憾的是因劫材不够，只好小转换，没能占到便宜，最终景德镇中药队以1又3/4子险胜长沙隐智队，先胜一局。

第二局开始，双方交换黑白再战，本来景德中药队执白形势一片大好，不料接近终局，最后上场的胡傲华三段出现失误造成亏损，最后长沙隐智队刚刚好也是执黑以1又3/4子取胜。

又是一次即将胜利前的失误！决胜局的压力似乎在向景德中药倾斜。

23日上午决胜局，主教练陈燿烨九段、教练王昊洋六段带领队员早早来到赛场对今天的决胜局战术进行研究布置。和前两局一样，双方首发还是景德中药余志明5段，长沙隐智叶桂五段，这体现出双方的信心和谨慎。行棋至第60手，双方打劫转换，形成白得实地，黑在中腹取得厚势的格局。同时第一阶段制度性暂停后双方换人。第61手开始，双方主力景德中药马逸超五段和长沙隐智彭立尧五段提前出场。第80手，执白的景德中药开始对黑左边弱棋展开整体攻击，长沙队陷入长考。第87手黑棋做活，白方转战下边另辟战场。第93手时景德中药队请求换人，教练王昊洋六段亲自披挂上场。第107手黑棋在白角部出动，之后成功在白大角中做活，白棋也趁机做成厚势并在外围取得补偿，再度形成沧海桑田般的大转换。第132手时，网络直播解说认为目前形势黑棋稍好。第141手，第二次制度性暂停并换人，主客队分别换上李鑫怡初段和李维清五段。第148手，双方再度形成互相割吃数子的巨大转换，第150白方抢先收官，再度形成细棋局面。第 186 手，景德中药张家豪三段上场。第196 手，景德中药队用完最后一次暂停。经过艰难的官子比拼，第 220 手白方提劫，黑棋劫材不足，投子认输，景德中药中盘获胜。总比分 2：1，景德中药晋级四强！

仿佛死里逃生般的幸运。

（五）半决赛绝处逢生

11 月 12 日，半决赛景德中药主场对阵武汉丰达。

首局比赛，双方首发景德中药队派出本土业余选手余志明 5 段，武汉丰达出场队员同样是业余选手隋泽翔 6 段，战至第 28 手，双方均选择了强烈反击，网络现场讲解的著名美女棋手王香如初段认为黑 29 手之后的反击没有成算，造成局部重大亏损，"而导致这一局部失败的罪魁祸首还是黑33，无论如何不能被白这样提掉"。后面的进程景德中药队虽然派出最强棋手王昊洋六段上场，依然无力回天，战至141 手，景德中药中盘认负。

先失一局，这在三番赛中已是面临绝境，更何况是序盘速败，对于队员的士气影响很大。在这个关键时刻，现场压阵的景德中药围棋俱乐部董事长徐葱茏、领队施卫东在队员尚在为团队荣誉痛苦顽抗之时立即决定：第一，不再作无谓抵抗，爽快认输；第二，全体队员到教练房间集合，研究下一场战术，董事长徐葱茏同大家谈心，统一思想，坚定意志。从结果看，这是一次"思想工作"运用到围棋团体比赛中的经典范例，确实取得了奇效。

当日下午，第二局双方互换黑白再战。0：1 落后已无退路，压力落在了主场作战的景德中药一方。双方依然派出了和第一局相同的先锋出场，第一阶段比赛，武汉队黑45的手筋在右边一带有所获利。然而之后在右下被白就地做活过于轻松，似乎错失了更有力的攻击手段。第103手黑棋借以全局厚实进行打入，被白苦肉计联络，黑所得不多。后半盘黑整体下法有些松缓，一步步断送了原本的优势局面。相反，白方步步为营，不紧不慢地追赶，最后以最微弱的优势半目取胜。从第二局棋来看，白方整队配合更加默契。

决胜局比赛在13日上午举行，本局武汉丰达执黑先行，双方首发队员依然是前两局阵容。从第9手和第29手黑棋连续两个"三三"点角开始，延展出许多有趣的变化，双方围绕引征展开争夺。白38、40手断吃征子后被黑45、47引征获利，得不偿失，形势不容乐观。但是战至第76手，黑棋在右边的下法稍缓，原本优势的局面被追赶上来。经过官子争夺，最终景德中药队幸运获胜。

（六）总决赛决胜局大意失荆州

12月24日，2017赛季城市围棋联赛总决赛决胜局在成都世纪城国际会议中心举行，对阵双方分别是景德中药队和衢州弈谷队。

两支队伍均从B区死亡之组杀出重围，"三朝元老"衢州弈谷队14胜7负，联赛新军景德中药总战绩17胜4负，成功会师总决赛，前两局双方各胜1局，回到同一起跑线。经过猜先，决胜局景德中药队余志明执黑先行，星小目后立即挂角，衢州弈谷队曹汝旭执白错小目开局，白6脱先反挂角破坏对方套路。黑31变招引来一次暂停。局部定型后黑方换上张家豪，白方陈文政带着研究成果上场，立即打入下方，黑49跳封十分大局，白不好应对脱先侵消右上。

第二节景德中药马逸超执黑对阵江维杰，围绕下方展开攻防，白92意外断在六路挑起肉搏战，欲一战定乾坤。黑冷静弃掉3子转身，黑127当空一挖令江维杰陷入长考。最终双方和平收兵，黑大块治孤无忧，战线拉长。

刘小光九段与王香如初段为棋迷大盘讲解，表示双方经过一个赛季鏖战，配合越发默契，战况激烈，场上气氛十分紧张。

经过王昊洋与吴震宇等的中盘战，后半盘景德中药队获得微弱优势。双方第四位出场都是女将，景德中药队王祥云三段与衢州弈谷队刘慧玲两位女棋手展开官子鏖战，王祥云弈出黑第203手见小，白204点入右上角机敏，黑棋亏损。此后胡傲华、贾依凡分别上场，但是官子战白方衢州弈谷愈战愈勇，景德中药队见无力回天，弈至256手中盘认负。景德中药1∶2不敌衢州弈谷，万分遗憾地与总冠军失之交臂。衢州弈谷幸运夺得88万元冠军奖金。

刘小光感叹本局白棋作战未能攻到对方，没有形成激烈对杀。此后进行官子战斗，白方发挥更胜一筹。赛后两队教练江维杰与陈耀烨简要回顾了本局，表示后面官子阶段仍有出入，黑棋未能抓住最后机会，白棋得以小胜。

痛失冠军，景德中药领队当晚借酒浇愁。但是一支联赛新军在世界冠军扎堆的城围联比赛中勇夺亚军已经远超自身目标，景德镇围棋顿时震惊棋界。景德镇再次掀起围棋热潮。景德镇本地棋手余志明5段荣获本赛季最佳布局奖。

二、2018 赛季，铁骨铮铮再出线

2018 年 4 月 28 日上午，城市围棋联赛 2018 赛季柳州揭幕战新闻发布会在柳州市李宁体育馆新闻发布厅举行。柳州市以及广西围棋协会的领导，广西和柳州市各大媒体、中央驻桂媒体记者，部分企业家、赞助商和合作伙伴 50 多人出席了当天的新闻发布会。新闻发布会由城市围棋联盟秘书长、央视"谁是棋王"总冠军胡煜清 8 段主持。

城围联 2018 赛季地域版图进一步扩大，共有来自北京、上海、广州、深圳、南宁、柳州、澳门、台北和悉尼、大阪、曼谷、多伦多、新加坡、巴黎等四大洲 7 个国家的 32 支围棋俱乐部参赛，教练、领队、队员等共 300 余人。马晓春、刘小光、曹大元、古力、时越、檀啸、谢尔豪、朴文垚等众多九段棋手纷纷加盟，新赛季竞争将更加激烈。

新赛季各参赛城市俱乐部于 4 月 27 日完成了抽签仪式，将划分为 8 个分区进行比赛，整个赛季历经常规赛、季后赛、总决赛三个阶段，一直持续到年底。

景德中药围棋俱乐部队在 2017 年的比赛中脱颖而出，获得亚军，赞助商景德中药徐葱茏董事长在 2018 年也是一如既往地支持，他说："我作为围棋爱好者，支持回馈围棋；作为景德镇本土企业，支持围棋之乡——景德镇的围棋活动；作为有着景德镇千年瓷器文化和中药文化的企业，支持围棋与发展企业相得益彰。"

徐葱茏董事长自幼学棋，深受中日擂台赛和聂卫平的影响，现在已是一名有着 30 多年棋龄并且具有业余 5 段水平的资深爱好者。

徐葱茏曾当过 7 年医生，后来创业建立了景德中药："我曾经当过医生，那时候的我下棋比较多。后来，创业的时候虽然棋下得相对少了一些，但是更多时候会用围棋的逻辑来思考，例如'弃子争先''就地做活'这些棋理。"

"在景德中药的管理中也需要战略经营思维，而围棋中的布局就是从战略入手；企业管理需要举重若轻，而我们围棋中的弃子争先也是同理。经营企业需要核心竞争力，也需要品牌宣传，这和围棋中的做活、趋势有异曲同工之妙。

"当然下棋输赢后的态度也和做企业一样，胜不骄，败不馁，坚持走下去就是实力提升、企业做强的一个过程。

"我们江西景德中药股份有限公司是从事传统中药饮片、中药食疗的研发、生产企业，同时用景德镇陶瓷作为我们的包装容器。2017 年成立了景德中药围棋俱乐部，涵盖中药、瓷器、围棋，形成了'国学''国粹''国技'的三种传统文化的结合。"

当谈到队员的时候，徐葱茏对能够请到世界冠军陈耀烨很是得意："陈耀烨九段是景德镇籍的世界冠军，'耀烨'谐音'药业'，他能够加入景德中药围棋俱乐部既是众望所归，也是天作之合。"

2018 赛季景德中药队经过调整，任命王昊洋六段担任主教练，将陈耀烨九段变更为队伍主帅兼教练。可见对夺冠势在必行。"我们第一次参加城围联就取得了亚军，队伍非常团结，整体配合较好。陈耀烨九段更是队中的定海神针，只要他在，所有人都心中有数。王昊洋六段亲和力很好，关心所有年轻棋手的成长和生活。去年一年，很多棋手包括我这个旁观者都棋力见涨，其中有 5 位棋手升段了。"

2018 赛季俱乐部成员名单：

领队：施卫东

主教练：王昊洋六段

教练：陈耀烨九段

队员：王祥云三段、马逸超五段、张家豪四段、李鑫怡二段、许瀚文三段、余志明 5 段、付冲六段、元杰初段、郑载想 6 段。

2018 赛季柳州揭幕战于 5 月 18—20 日在柳州市柳州饭店、双渔汇进行。本次揭幕战，不仅有 32 支围棋俱乐部捉对厮杀的高水平围棋比赛，还同期举办跨界名人围棋邀请赛、棋迷接力赛和对抗赛、职业棋手指导棋、名家签售、创意集市、2018 年广西青少年围棋锦标赛柳州赛区选拔赛暨定段升段赛等十余项活动，有棋界名人、政府要员、商业精英、社会名流以及来自全国各地的棋迷等千余人出席和参与。

聂卫平九段、马晓春九段、刘小光九段等棋界名宿将出席柳州揭幕战。本次揭幕战特别策划组织了围棋进企业、进学校、上游轮、进乡村等系列活动，为广大棋迷奉献一场丰富多彩的嘉年华活动。

揭幕战期间同期举办"智慧城市"论坛，国内知名专家学者和特邀嘉宾对"智慧城市"规划和发展作精彩发言和交流，华为解决方案专家举行了《打造智慧城市神经系统，助力城市数字化转型》的主题演讲。

揭幕战第一轮，景德中药战胜杭州卓尚服饰队，第二轮又轻取贵阳弈源取得两连胜。之后的常规赛，景德中药游刃有余轻松出线。常规赛结束，陈耀烨领军的景德中药与柳州文旅积分相同，小分也相同，最后通过抽签名列小组第二。

1/8 决赛，遇上以三连胜收尾常规赛的北海国家高新。正如陈耀烨赛前所言"进入淘汰赛后压力更大、对手也更强"。在这场势均力敌的强强对战中，世界冠军时越领军的北海国家高新表现更好，运气更好，没有错失机会，成功晋级。景德中药惨遭淘汰。本赛季 1/8 决赛，上赛季冠亚季军衢州弈谷、景德中药和武汉中合同时折戟，爆出不小的冷门。

三、2019 赛季，胜败兵家事不期

2019 赛季，城市围棋联赛地域版图进一步扩大，共有来自四大洲 8 个国家的 32 支围棋俱乐部参赛，教练、领队、队员等共 300 余人。马晓春、古力、时越、檀啸、陈耀烨、唐韦星、江维杰、黑嘉嘉、结城聪、麦克·雷蒙等世界冠军和高段位职业棋手参赛，竞争更加激烈。

5 月 6 日上午完成了城围联 2019 赛季常规赛抽签仪式，新赛季的常规赛分成 4 个分区、每区 8 支俱乐部进行区内单循环比赛，每个分区的前 4 名出线进入季后赛。整个赛季从 5 月开启，将持续到 11 月。景德中药队被分在 A 区。

2019 赛季景德中药俱乐部成员名单：

领队：施卫东

主教练兼队员：王昊洋六段

教练兼队员：陈耀烨九段

队员：马逸超五段、张家豪四段、许瀚文四段、余志明五段（景德镇本地选手）、元杰初段、郑载想初段、潘天行（江西本地选手、女子选手）。

6 月 29 日上午，城围联 2019 赛季常规赛 A 区第四轮景

德镇黑猫专场，景德中药队主场对阵西安纹枰队的比赛在景德镇市朗逸酒店十楼会议厅举行。经过近 3 个小时的激烈角逐，景德中药队执黑 186 子击败客队西安纹枰，获得一场宝贵的胜利。赛罢四轮，景德中药队 2 胜 2 败在 A 区位列中游。景德镇市围棋协会秘书长、景德中药队领队施卫东表示，当前目标是确保常规赛 A 区出线晋级季后赛。

比赛开幕式于上午 9 时开始，来自全国各地的棋界名人、商业精英、社会名流等嘉宾以及来自景德镇市各行各业的围棋爱好者等 100 余人出席。时任景德镇市委常委、政法委书记曹雄泰，景德镇市政协副主席李金有，景德镇市体育局党组书记何明旺，景德镇市围棋协会主席洪维平等为比赛开棋。开幕式表演了精彩的景德镇特色歌舞节目瓷乐表演、陶瓷主题舞蹈青花舞和歌舞《我在景德镇等你》。比赛暂停间隙，城围联标志性的围棋宝贝们为观众表演了活力十足的舞蹈。

比赛期间，国内著名围棋主持人、来自武汉的职业四段刘帆为棋迷现场挂盘讲解了比赛进程。在讲棋互动环节，景德镇市小棋迷踊跃参与、巧妙回答提问，刘帆四段赞不绝口并派发小礼品。

在比赛现场同步举办了棋迷接力赛活动。经过同样激烈的争夺，黑猫集团队、景德镇棋院队、景德中药队分获冠亚季军。

虽然主场赢下本局，但是在 2019 赛季常规赛之后的比赛中，景德中药队发挥欠佳，无缘季后赛。

第四节　瓷都论道

2012—2014 年，为了更好地推动景德镇市围棋活动开展，市围棋协会连续三年邀请国内国际围棋界顶级棋手参加"瓷都论道·巅峰再现""瓷都论道·巅峰对决"围棋邀请赛。每场比赛都挂盘讲解，市领导现场观战，瓷都棋迷观者如云。景德镇围棋氛围一时热火朝天，尽显"国运兴、棋运兴"的盛世景象。

一、2012 年"瓷都论道·巅峰再现"，马晓春九段对阵刘小光九段争霸赛

2012 年 4 月 22 日，"红叶杯""瓷都论道·巅峰再现"马晓春九段对阵刘小光九段争霸赛在景德镇市朗逸酒店举行。马晓春执白 184 手中盘战胜刘小光，获得优胜。马晓春与刘小光是中国棋坛一对著名的"冤家"，两人巅峰时期曾在国内各项大赛上频频交手。有趣的是，除了盘上的斗智斗勇外，两个人盘下的"斗嘴"也往往令人忍俊不禁。

比赛预定的开始时间是下午 2 点半，两位"老冤家"提前几分钟来到赛场，后进场的马晓春看了看座位对刘小光说："你应该坐这边，是你抓子我猜。"刘小光起身换了座位。猜先时，马晓春从棋盒里拿出两颗黑子摆在棋盘上。数子结果是单数，马晓春白棋。刘小光对旁边观战的棋友笑道："他还真会猜。"

比赛开始，刘小光以"中国流"开局，马晓春执白二连星，由于是每方 90 分钟包干制用时，超时即判负，所以比赛

开始后两个人都下得很快，15 分钟下了将近 30 手。棋入中盘，双方在左边纠缠，形成难解的局面。王汝南认为马晓春第 90 手如果直接接在后来黑"断"的 93 位，将是白棋简明优势。实战被刘小光 93 位断后，局面复杂，不过总的来说，刘小光的下法显得稍显勉强。此后，刘小光弃掉中腹 6 颗子开始收空，但进入官子后又被马晓春在右边空中生出事端。最后关头，刘小光还剩 2 分钟，马晓春还剩 5 分钟，双方落子如飞，一连串的交换之后，马晓春 184 手"粘"后，刘小光"嗯"了一声，旁边观战的中国围棋协会主席王汝南八段忍不住笑出了声，原来这里黑棋什么手段也没有。刘小光见此，爽快地停钟认输，马晓春获得了本次争霸赛的优胜。这也是继去年嵊州比赛后，马晓春再次战胜老对手刘小光。局后，马晓春在面对棋迷发表感言时表示对这盘棋的内容感觉还算满意。

本次争霸赛是景德镇市主办的"瓷都论道·巅峰再现"系列围棋活动中的一项重头戏，主办方特邀了著名电视围棋解说名嘴王元八段、美女棋手陈盈初段来到景德镇为棋迷现场挂盘讲解，现场听讲的棋迷座无虚席。

赛后，王汝南、马晓春等还为"瓷都论道·巅峰再现"系列围棋活动之景德镇市领导干部围棋赛、景德镇市大小棋王争霸赛获奖者颁发了奖品和获奖证书。

二、2013 年"瓷都论道·巅峰对决"，古力九段对阵李世石九段争霸赛

2013 年 3 月 20 日，由景德镇市围棋协会举办的 2013 年"天新药业"杯古力九段对阵李世石九段巅峰对决在朗逸酒

店多功能厅开战，由古力九段执黑先行，经过近 5 小时的艰难拼搏，古力中盘负于李世石，至此，两人职业生涯交手 35次，战绩同为 17 胜 17 负 1 和。

因为是邀请赛，两人都下得非常放松，非常规招法满盘皆是。执白棋的李世石第 4 手就挂角，而古力也气合一般不理会，黑 5 抢占另外一个空角。黑 9 至 13 是正常招法，李世石的白 14 求变，接下来两位绝顶高手像约好了一样，开始俗手表演，双方完全不理会棋型，只选择最实用、最凶悍的招法。至黑 29，古力取得主动，讲解的王昊洋四段（当时）认为李世石"被一连串俗手弄得找不到方向了"。但是接下来古力的黑 33 不好，局势开始进入擅长"僵尸流"的李世石的路子。

白 46 之后，左边黑棋和中腹黑棋难以兼顾，古力只得先走中腹。被白 48 飞罩，左边黑棋已经不能再逃，古力只能全力捕杀左下方白棋大龙。接下来李世石表现了高超的计算和判断，至白 96，古力虽然杀了左下方 30 颗白子，但是李世石通过弃子在右下角围住大空，加上之前左上方所得，白方全局优势很大。

之后古力竭力搅局，下得很精彩，但是李世石前面优势太大，小小的退让仍保住了胜果。至 236 手古力认输，李世石赢得邀请赛的胜利。至此，双方交手 35 次各胜 17 局，还有一局无胜负。

当天下午，著名国手刘小光九段搭档国家女子围棋队领队华学明七段对这场对弈挂盘讲解，古力和李世石还与瓷都围棋爱好者见面，并为棋迷签名。

古力九段和李世石九段绝对是当年围棋界最具人气的超

一流高手，他们各具特色；他们的棋风均是酷爱攻杀、大开大合；他们亦敌亦友，并肩同行，缺少了其中任何一个，棋坛都会寂寞许多。他们也是当年世界棋坛实力最为接近、最具对抗性的一对高手。在之前多达 31 次的交手中古力以 16：14 领先，两人曾在"三星杯"首轮下出百年难遇的"四劫循环无胜负"战和，并最终会师决赛，可见两人争斗之精彩扣人心弦，所以两人也被称为"一生的对手"。这一次，他们的巅峰对决又将整个棋界的眼球吸引到了千年瓷都景德镇。

三、2014 年"瓷都论道·巅峰对决"，陈耀烨九段对阵崔哲瀚九段争霸赛

2014 年 3 月 9 日上午 10 时，"恒润广场"杯第三届"瓷都论道·巅峰对决"争霸赛在景德镇市半岛国际酒店开枰，对阵双方为中国的陈耀烨九段和韩国的崔哲瀚九段。比赛激战 275 手，最终陈耀烨九段以 3/4 子最微弱的差距憾负于崔哲瀚九段。崔哲瀚九段获得本次争霸赛的优胜，并获得 15 万元人民币的优胜奖金，陈耀烨获得 10 万元奖金。

本次争霸赛采用中国围棋规则，用时为每方 2 小时 30 分钟+5 次读秒。弈城围棋网记者现场直播对局，并邀请柯洁四段（当时）在线讲解。

本届之所以力邀陈耀烨参赛，是因为陈耀烨的父亲陈名智先生是正宗的景德镇人，大学毕业后被分配到北京空军总医院任骨科医师，所以，陈耀烨是围棋界名副其实的最优秀的瓷都骄子。

比赛之前，《瓷都晚报》和景德镇棋院联合举办的有奖竞猜活动中90%的投票选择陈耀烨获胜。柯洁四段在线讲解分析认为，陈耀烨对崔哲瀚的战绩曾经大幅领先，但去年崔哲瀚连续扳回三局，因此胜负还不好预测。不过两人上一次交手是在2013年12月5日的第15届"农心杯"上，陈耀烨战胜了崔哲瀚。

中国围棋协会主席王汝南宣布比赛开始，经过猜先，由陈耀烨执黑先行。布局双方落子飞快，进入中盘崔哲瀚白棋下得非常积极，而黑棋实地拼抢凶狠。第41手黑棋靠断后双方展开激烈的搏杀，但是黑第57手出现误算，至第76手转换大亏。之后陈耀烨九段不断释放胜负手，第111手碰严厉，崔哲瀚第148手出现巨勺，黑棋149手妙手擒拿白3子后形势顿时逆转。然而由于黑棋第159手优势意识过浓，没有选择二路扳的强手，最后小败未能避免。

数百名围棋爱好者和学棋儿童在半岛国际酒店六楼会堂观看了现场大盘讲解。担任大盘讲解的是中国围棋协会主席、围棋"四大名嘴"之一的王汝南八段以及著名美女棋手陈盈初段。

对局结束后，两位棋手来到讲棋大厅与景德镇棋迷见面，随后进行了颁奖，时任景德镇市委常委、政法委书记曹雄泰为崔哲瀚颁发了优胜奖杯，景德镇市副市长熊皓为崔哲瀚颁发了优胜奖金，赞助商恒润广场副总经理为陈耀烨颁发了奖金。

第五节 "景东陶瓷杯"全国业余围棋赛现场观战记

2014年，景德镇市第一次主办全国性围棋大赛，"景东陶瓷杯"全国业余围棋赛由景德镇市体育局、景德镇市围棋协会、《瓷都晚报》联合主办。

本次比赛系围棋个人赛，比赛时间：3月4日至10日，比赛地点为半岛国际大酒店。比赛采用中国围棋协会最新围棋竞赛规则，要求参赛者必须具有业余四段以上证书，比赛采取积分编排制，每方90分钟包干。

本次比赛将分两个阶段进行。第一阶段为七轮积分循环，根据年龄将参赛选手分为A、B两组，1990年1月1日前出生为A组，其他则为B组。A、B组各奖励前16名，第1名10000元，第2名8000元，第3名6000元，第4—6名4000元、3000元、2000元，第7—8名各1000元，第9—16名各500元纪念品。第二阶段为单败淘汰赛，由A、B组前8名再次抽签进行，最后的胜者将获得冠军奖杯。单败淘汰赛阶段发放对局费，第一轮每人500元，第二轮每人1000元，第三轮每人2000元，第四轮胜者5000元、负者3000元。同时，为了吸引顶级业余棋手参加比赛，本次比赛开全国先河另作特别奖励规定：曾获得世界业余围棋赛冠军棋手，参赛每人奖励4000元，曾获得全国业余围棋赛冠军棋手（如"晚报杯""黄河杯""国学杯""丰城杯"等），参赛每人奖励2000元。根据计算，本次比赛冠军获得者的总奖金最高可达22500元。中国业余围棋界横扫乾坤的四大天王：

胡煜清、马天放、白宝祥、王琛以及更老一辈的全国业余棋王孙宜国全部报名参赛。

一、比赛首日，名将如雨高手如云

本次比赛参赛选手共 56 人，分别来自上海、北京、杭州、河南等地。其中年龄最大的 50 岁，最小的是本市小棋手文奕飞 4 段，出生于 2005 年。本市选手王新芳、王璐怡父女同场竞技。来自南昌的曾子荣、曾子瑞是一对 10 岁双胞胎兄弟，都是业余 5 段。

3 月 5 日上午 8 时，比赛尚未开始，参赛棋手陆续走进六楼会场。会场第一轮编排表、运动员台标及计时器已摆放整齐。会场主席台《瓷都晚报》"国粹·瓷棋"黑白系列围棋元素瓷器展示正在进行。两位工作人员在向参赛棋手讲解。国内各大媒体包括弈城围棋网、江西电视台以及本市主流媒体记者纷纷进入赛场采访选手和工作人员。

8 时 30 分，裁判长宣读赛场纪律和比赛计分规则，宣布比赛开始。小组赛共比 7 轮，每天上下午各一轮。每方用时 1 小时 30 分钟包干。

本次比赛夺冠热门预测：第一集团为国内业余围棋天王级人物，4 个世界业余冠军：胡煜清 8 段、孙宜国 8 段、李岱春 8 段、白宝祥 8 段以及 4 个全国业余围棋冠军：马天放 7 段、王琛 7 段、聂峰林 7 段、赵威 7 段。另外，有一批道场冲段少年也极有冲击力，是冠军的有力争夺者。省内高手中有可能冲击名次的有南昌的姜磊 6 段。景德镇也派出了一批顶尖棋手参加比赛，A 组余志明 5 段，多次全省比赛冠军获得者，寄望于冲击前 8，力争打入第二阶段决赛。B 组本市两员小将傅文栩 5 段、陈子敬 5 段同是 1999 年出生，近年棋力进步神速，已能在市级比赛中斩金夺银，可算是本土冲段少年，对小组名次的冲击力或强于成年棋手。同时，景德镇市少年围棋队选派了一批 10 岁左右的围棋希望之星参加比赛锻炼，他们虽然年龄不大，实力却不容小觑，其中三李：李之然 5 段、李润庭 5 段、李铭辉 5 段都曾到道场学棋，黄友志 5 段、谭剑峰 5 段、文奕飞 4 段、杨诚悦 4 段也都获得过全省全市少儿围棋比赛冠军。

第一轮比赛正式开始。棋手已进入捉对厮杀状态。从对阵情况看，夺冠热门基本幸运避开，估计轻松过关不成问题。本轮看点是爆冷指数。

世界冠军、全国业余围棋等级分排名第一位、四大天王之首胡煜清 8 段坐镇 A 组第 2 台，对手曹建也是一位国内业余好手。棋至中局已形成双方铺地板的功夫棋格局，最终胡天王有惊无险小胜对手。

B 组本市选手德比之战差点爆出小小的冷门，全场最小年龄的文奕飞 4 段在优势下官子失误负于傅文栩 5 段。

上午 9 时 30 分，比赛大厅旁边陶艺大师现场笔会准备就绪，江西省陶瓷大师赵明生、余晨洲、于长征、徐国琴等开始现场作画表演。

10 时 30 分，多数棋局已结束，全国冠军王琛 8 段对黄一鸣 6 段一局依然在鏖战之中。本市希望之星陈子敬对冲段少年陈晓龙棋局刚进中盘，形势难解难分，苦战在所难免。

10 时 50 分，王琛的对手停钟认负。全国冠军马天放、世界冠军孙宜国 8 段获胜，正在认真和对手复盘。

11 时 15 分，全场最后一局比赛结束。景德镇市选手陈子敬终于艰难取胜,战胜了强敌冲段少年李晓龙。第一轮比赛结束,景德镇市选手中 A 组强手余志明 5 段、张胜强 5 段和邱战飞 5 段均获胜闯关,B 组共有 4 名小选手取得胜利。

11 时 45 分,第二轮比赛编排表贴出。A 组的强强对战是世界冠军孙宜国对阵全国冠军赵威,胡煜清天王对阵弈城网传奇高手"隐忍黑衣人"冯毅 6 段。景德镇市种子选手也分别对阵国内豪强,可谓看点多多。B 组焦点之战是同为全国冠军的马天放和聂峰林的激情对冲。

二、比赛次日高潮迭起

3 月 6 日上午 8 时 30 分,第三轮开始出现多场硬碰硬冠军对决。

A 组胡煜清天王战胜江西地方豪强姜磊 6 段,三战全胜。世界冠军李岱春 8 段惊险闯关,战胜国内名将冲段少年何天凝 6 段。

景德镇市选手邱战飞 5 段虽顽强阻击,最终未能击破最年长世界冠军孙宜国的城池。

景德镇市第一高手余志明老师不负众望,力斩国内好手刘卓明,全取 6 分,带给瓷都棋迷无尽的想象空间。

B 组第 2 台是天王级对抗,两位全国冠军马天放和王琛的对决堪称本组第一名的提前决战,最终与瓷都旧谊颇深的王琛 7 段受到了幸运之神的青睐。

第 4 台恰是景德镇两位最强少年的内战,让观战者喜忧参半。此局傅文栩 5 段如胜出,则小组出线近在咫尺。然而陈子敬状态神勇,幸运胜出。

本组世界冠军白宝祥 8 段轻取冲段少年马光子 6 段,保持不败金身。

下午 2 时 30 分第 4 轮比赛开战，战斗渐入白热化。

A 组景德镇市第一人余志明老师执白对阵世界冠军孙宜国的比赛受到全场关注。终局之前围观者达数十人，水泄不通，几乎连裁判也挤不进去。本局争夺极为激烈，进入中盘余志明老师一招手筋令世界冠军"几乎绝望"，然而后半盘一个失误令胜负顿时逆转，最终数子世界冠军孙宜国黑子 185，以 3/4 子最小的优势获胜。本局的失利虽让全场棋迷怅然若失，然而余老师虽败犹荣，瓷都棋手尽显风采。

本组另一场焦点之战是两大世界冠军的强强对战，最终胡煜清天王技高一筹，执黑战胜了李岱春 8 段。

景德镇市另一成人高手邱战飞老师获胜，3 胜 1 负小组出线有望。

B 组第一台是全场焦点之战，也是提前开始的小组王者之争。世界冠军白宝祥对阵全国冠军王琛，他们同列全国业余围棋四大天王，最终世界冠军战胜了全国冠军。

景德镇市双星闪耀的少年棋手傅文栩 5 段、陈子敬 5 段虽拼尽全力，怎奈技差一筹，分别不敌道场冲段少年李嘉琦 6 段和黄一鸣 6 段。

全国冠军马天放 7 段战胜张紫良 6 段，依然是紧紧追赶。纵观大赛次日争夺，第一阵营依然稳固，全场并没有爆出大的冷门。冠军只失手于冠军。

目前 4 轮结束，A 组两位世界冠军胡煜清 8 段和孙宜国 8 段同为 4 战全胜积 8 分领跑全场。另一位世界冠军李岱春、全国冠军赵威 7 段和景德镇市第一高手余志明 5 段均是 3 胜 1 负积 6 分列第二阵营。本组下一轮万众期待的焦点之战是两位世界冠军胡煜清 8 段和孙宜国 8 段的巅峰对话，此局比赛是小组第一的提前争夺战。本组另外的看点是景德镇市余志明老师再度撼山，对阵世界冠军李岱春 8 段。本省豪强姜磊 6 段 PK "隐忍黑衣人" 冯毅 6 段，大致胜负各半。景德镇市邱战飞老师本次比赛路线不错，次日对阵省内高手李小平 5 段，若胜则必进 16 强。

B 组世界冠军白宝祥 4 战全胜积 8 分领跑，全国冠军马天放 7 段、王琛 7 段、聂峰林 7 段均是 3 胜 1 负积 6 分紧随其后。景德镇市双子星傅文栩 5 段、陈子敬 5 段以及市少年围棋队黄友志 5 段、李之然 5 段均是 2 胜 2 负积 4 分，尚存晋级 16 强希望。本组的看点是世界冠军白宝祥 8 段能否延续不败传说。

三、爆出冷门

3 月 7 日上午第 5 轮比赛结束。A 组第一台强者对话世界冠军胡煜清 8 段战胜孙宜国 8 段，成为全场唯一的全胜者，积 10 分。本组 4 胜 1 负积 8 分的还有 5 人：世界冠军孙宜国 8 段、李岱春 8 段、国内豪强叶凌云 6 段、冯毅 6 段以及景德镇市选手邱战飞 5 段。B 组世界冠军白宝祥 8 段击败王博 6 段 5 战全胜领跑。3 位全国冠军王琛 7 段、马天放 7 段、聂峰林 7 段和王嘉宝 6 段积 8 分紧追不舍。

下午 2 时 30 分第 6 轮比赛开始。A 组世界冠军胡煜清 8 段对叶凌云 6 段之战，执黑先行的叶 6 段早早就对白方展开大举进攻，胡天王不紧不慢从容治孤，局面虽几经转换，黑棋始终保持主动，最后将攻势成功转化为目数领先，比赛终于爆出不大不小的冷门。

景德镇市高手邱战飞上午取胜后已稳进 16 强，下午对阵"隐忍黑衣人"冯毅 6 段将为小组出线而战。然而邱战飞执白在布局阶段即受攻损失惨重，后虽奋力反击，无奈前番损失过大，至终局也未能挽回。

B 组第一台世界冠军白宝祥 8 段执黑对阵全国冠军聂峰林之役，双方一开局就比拼功力，中盘后白方强围中空，白宝祥天王艺高人胆大，借白弱点四处渗透之后果断踏入白空，白棋因自身不厚无力剿杀，无奈中盘惜败。

6 轮过后，B 组局势明朗，白宝祥 8 段获小组第一已无悬念。A 组夺冠形势陷入混乱，5 胜 1 负的共有 4 人。最终花落谁家留待明天最后一轮揭晓。

四、小组赛收枰胡煜清白宝祥分获第一

3 月 8 日上午最后一轮比赛，A 组世界冠军胡煜清 8 段战胜对手杨建平以小分优势获得小组第一。另一位世界冠军白宝祥 8 段战胜全国冠军马天放 7 战全胜摘取 B 组第一。2014 年"景东陶瓷杯"全国业余围棋赛第一阶段比赛结束。副市长熊皓、市围棋协会主席洪维平以及受邀来景德镇市参加"恒润地产杯"第三届"瓷都论道·巅峰对决"比赛的世界职业围棋冠军陈耀烨九段为获得两组前 16 名的棋手颁发了奖状和奖金。景德镇市选手取得的最好成绩是邱战飞 5 段获 A 组第 7 名。

本届"景东陶瓷杯"全国业余围棋赛第二阶段将采用淘汰赛赛制，由 A、B 两组前 8 名参加。首轮比赛于 8 日下午 2 点半进行。

2014"景东陶瓷杯"全国业余围棋赛第一阶段名次

A 组名次	B 组名次
1 胡煜清	白宝祥
2 冯　毅	王　琛
3 叶凌云	马天放
4 孙宜国	马光子
5 赵　威	张紫良
6 何天凝	王嘉宝
7 邱战飞（景德镇棋手）	聂峰林
8 李岱春	王　博
9 杨建平	李嘉琦
10 余志明（景德镇棋手）	李晓龙
11 曹　建	曾渊海
12 张和浪	邓　威
13 李小平	陈子敬（景德镇棋手）
14 邹亮平	吴新洋
15 姜　磊	黄一鸣
16 涂春荣（景德镇棋手）	黄友志（景德镇棋手）

3月8日下午2点半，第二阶段比赛开战，本阶段由A组和B组的前8名进行淘汰赛，最终决出总冠军。

有趣的是，按规则是由B组的前8名随机抽取A组的前8名进行对阵，结果第一阶段唯一保持不败的B组冠军白宝祥一上来就抽到了A组冠军胡煜清，晚到2分钟的胡煜清得知结果后忍不住笑着"夸"白宝祥："你可真会抽啊！"说来也真奇怪，虽说是随机抽签，但抽签结果似乎安排好了一样：A组冠军胡煜清对B组冠军白宝祥，A组亚军冯毅对B组亚军王琛，A组第四名孙宜国对B组第四名马光子，A组第五名赵威对B组第五名张紫良，A组第七名邱战飞对B组第七名聂峰林，只有三对棋手不是同名次对决。3月8日下午，战罢首轮，胡煜清、孙宜国、王琛等强手即告出局，李岱春、白宝祥、马天放等晋级8强。景德镇市选手邱战飞终因实力稍逊无缘下轮。两位世界冠军也是本次比赛两个小组第一名胡煜清八段和白宝祥八段的激情对冲战，年龄因素起到关键性作用，"90后"白宝祥力斩30出头的"老将"胡煜清。

五、淘汰赛掀起青春风暴

9日上午，第二轮青春风暴再度席卷赛场。战斗结束，最后获胜的4名选手居然全是B组的"90后"：白宝祥8段、聂峰林7段、马天放7段、马光子6段。当日下午第三轮比赛，二马相逢，气势正盛的马光子6段怒斩马天放，另一台世界冠军白宝祥8段轻取聂峰林7段，两人的最终决战将于10日上午在景东陶瓷集团公司举行。

综观本次"景东陶瓷杯"全国业余围棋赛，第一阶段小组赛几乎是冠军天王们表演的舞台。两组8强几乎全是国内顶尖棋手。小组赛景德镇市选手顽强拼搏，多有出彩表现，比如首轮陈子敬5段勇胜冲段少年李晓龙，第2轮余志明5段战胜国内顶尖棋手叶凌云6段，第5轮邱战飞5段半目逆转李小平，都令瓷都棋迷精神振奋。第二阶段比赛其实是成年棋手和"90后"的对抗，比赛的结果令人不禁感慨，果然是长江后浪推前浪，自古英雄出少年。

六、白宝祥 11 战全胜夺得总冠军

3 月 10 日上午，2014 年"景东陶瓷杯"全国业余围棋赛第二阶段比赛冠亚军决赛结束，世界冠军白宝祥 8 段执白中盘战胜冲段少年马光子 6 段，获得本届比赛冠军，马光子获得亚军。

经过猜先，马光子 6 段执黑先行，布局阶段双方稳扎稳打，但是白棋实地略好。进入中盘白宝祥 8 段弈出惊天大随手，"吓出一身冷汗"。此时马光子若发现手筋则可杀死白棋大龙。然而马光子因为时间压迫并未及时发现，被白宝祥抽手补回。"大难不死"之后，白宝祥越战越勇，最后中盘获胜。

决赛地点在景东陶瓷大楼内五层展厅，展厅里摆放的都是中国工艺美术大师张松茂的传世作品。受邀来到景东陶瓷参观的中国围棋协会主席王汝南以及参加"恒润广场杯"第三届"瓷都论道·巅峰对决"争霸赛的两位世界冠军陈耀烨九段和崔哲瀚九段也在现场观看了比赛。赛后，景东陶瓷的负责人为获得冠亚军的两位棋手颁发了奖杯和奖金。由于本届比赛的奖金结构较为复杂，分第一阶段和第二阶段两部分，据计算，白宝祥最终获得的总奖金为 22500 元。

第六节　承办江西省第十五届运动会围棋比赛

2018 年 8 月 25 日至 27 日，江西省第十五届运动会群众比赛项目（社会部）围棋比赛在景德镇市朗逸酒店举行。江西省第十五届运动会组织委员会委员、江西省体育局副局

长李小平宣布开赛，景德镇市人民政府副秘书长李雪海致辞。

李雪海在致辞中表示，精彩省运，幸福赣鄱。围棋项目既属竞技又属全民健身范畴，既是体育又是文化。自20世纪80年代以来，景德镇围棋运动在大家的共同努力下，围棋项目的普及和提高都得到了长足发展，逐渐成为景德镇的传统优势项目。景德镇市多年连续承办了中国职业围棋甲级联赛和世界围棋冠军争霸赛等国内外重大赛事，10余位世界冠军及50余位围棋国手先后莅临瓷都参赛指导，掀起了景德镇围棋运动的热潮，围棋已成为景德镇群众体育活动的一支生力军，2016年还获得了"全国围棋之乡"的荣誉称号。相信承办此次省运会围棋比赛，能进一步提高景德镇围棋项目的水平和影响力，景德镇市的围棋事业发展也必将更上一层楼。

此次比赛由江西省人民政府主办，江西省体育局、景德镇市人民政府承办，江西省社会体育指导中心、景德镇市体育局、江西省围棋协会协办。来自全省11个设区市的165名围棋运动员参赛，设男子儿童组、女子儿童组、男子少年组、女子少年组、成年组和老年组6个竞赛项目，采用中国围棋协会审定的最新围棋竞赛规则，电脑积分编排制，每局每方45分钟包干，超时判负，共进行7轮。

作为本届省运会比赛的东道主，经过预选赛，景德镇市共派出18名围棋运动员组队参加了围棋项目全部6个组别的比赛。其中男子成人组余志明5段是江西棋王、全省六冠王；陈子敬5段参加了今年上海财经大学高水平运动员录取测试，比赛成绩优异，被上海财经大学录取；男子少年组薛溪瑨 6 段曾获全国成人围棋比赛冠军，他们都有希望在省运会比赛中摘金夺银，其余队员中有 5 人曾获得过全省少儿围棋比赛冠军，也有希望冲击奖牌。

经过 3 天共 7 轮的奋勇拼搏，景德镇市运动员勇夺 4 枚金牌。其中老年组樊印保获亚军，少年男子组薛溪瑨获亚军，少年女子组王璐怡勇夺亚军，儿童男子组刘嘉兴荣获季军。

省运会比赛之前，为了更好地备战，景德镇市围棋协会、景德镇棋院邀请著名围棋国手、国内围甲主力选手王昊洋职业六段于 7 月 30 日至 8 月 8 日莅临景德镇市，为入选省运会景德镇市队的选手和参加全国"育苗杯"比赛的部分优秀小棋手进行了为期 10 天的集训。

王昊洋六段围棋集训时间为每天 6 个小时，集训期间对学生封闭式管理，集训课程有专题讲解、流行定式和最新布局套路解析、死活题强化训练、分组升降级循环赛、复盘等。

集训中，王昊洋六段亲自参加分组训练比赛，对于性格内向和年龄偏小的选手，和颜悦色反复点名提问邀请他们上台回答问题和摆棋，他耐心细致地为学生解答难题、讲解生动风趣，受到学生的喜爱。集训最后一天，王昊洋六段还为学生们讲解了比赛注意事项，鼓励他们在省运会上比出好成绩。通过这次集训，景德镇市省运会围棋选手技战术水平得到较大提高。

王昊洋六段作为一线国手、围甲队主力、城围联亚军队主教练很少参加地方围棋队教学活动。此次应邀为景德镇市棋手集训，在全国同等水平层次职业棋手中尚属首次。

116

第七节　"伟梦杯"景德镇队四度夺冠

"伟梦杯"江西省业余围棋联赛是全国首创的省级业余联赛，同时也是中国最为成功的省级围棋联赛之一。联赛由江西省体育总会主办，江西省围棋协会、江西伟梦集团承办。比赛规定各设区市只能选派一支队伍参赛。比赛以团体赛集中赛会制形式进行，允许各队聘请1至2名外援参赛。由于每年联赛加盟各队的外援几乎包揽了中国业余围棋界包括"四大天王"在内的业余世界冠军和顶级高手，该赛被围棋界誉为"小全国赛"。

"伟梦杯"自2006年创办至今已经举办了14届，景德镇市代表队参加了全部比赛并夺得四次冠军，雄霸省内。特别是2014年、2015年连续两年夺冠，2016年、2017年又连续杀进决赛，创造了"伟梦杯"联赛历史纪录。

一、2006年首届比赛获得亚军

2006年，首届"伟梦杯"江西省业余围棋联赛在南昌开赛。实力最强的"伟梦少年队"由4名道场少年组队，志在夺冠，其中卢天圣当年14岁，现在已为职业三段。李钦诚当年只有8岁，后来成为中国最年轻的九段棋手。景德镇市代表队由余志明、邱战飞、陈子龙（吉安棋手）、邹卫风组成。另外南昌队和九江队也是名将如云。

最后一轮最吸引人的对局当数伟梦队小将卢天圣对景德镇队主将余志明，中国棋院院长王汝南八段进行现场讲解。此前卢天圣在联赛中一局未失，余志明能否阻止卢天圣的连胜已成联赛最后的悬念。经过近 3 小时的较量，卢天圣笑到最后，余志明还是没能抵挡住"齐天大圣"而败下阵来，卢天圣以全胜战绩夺得联赛最高胜率和连胜奖，并率领伟梦队夺冠，景德镇、南昌、九江、萍乡获得第 2 至第 5 名。

本次比赛中表现最为抢眼的亮点除了伟梦少年之外就是景德镇队的表现，景德镇市代表队不但勇夺团体亚军，而且余志明、邱战飞、陈子龙三人共同入选江西 7 人最佳阵容，参加了赛后和重庆围棋的对抗赛。对抗赛约定双方各出 7 人，分别在南昌和重庆各赛两轮，重庆方面派出的棋手均为 6 段以上的国内业余名将。最终江西队以总比分 12：16 不敌重庆。余志明 3 胜 1 负取得了江西棋手最好战绩。

二、2007 年第二届再进四强

2007 年，第二届伟梦联赛分站赛在鹰潭龙虎山等各大旅游景点举行，比赛开始变得更加激烈和刺激。除了允许各队引进一名外援外，联赛还实行升降级制度，最后一名队伍将降级。本届比赛景德镇代表队由余志明、邱战飞、张胜强、徐刚等组成，最后获得团体第 4 名。

川中名将，素有"江湖大侠"之称的唐晓宏 7 段作为外援代表萍乡队参赛。比赛间隙，由南昌姜磊提议唐晓宏和余志明斗棋，受到广大观战棋迷的热捧，几经磋商最终开战。南昌姜磊、景德镇市围棋名宿刘丙芦等极力支持余志明。面对曾经背着棋盘游侠全国的"绿林好汉"唐晓宏，对局中余志明虽然有很多机会，但是因为最后阶段出现意志波动，遗憾落败。

三、2009 年第四届首次夺冠

2009 年，第四届"伟梦杯"江西省业余围棋联赛在南昌莲塘举行。共赛 9 轮，设 4 台，其中一台为主将，一台为快棋。本次比赛，景德镇代表队请来强力冲段少年高恬亮做外援。高恬亮，男，1994 年生于辽宁省葫芦岛市，6 岁开始学棋。半年后在 2000 年"东北棋王赛"中获得冠军，并获"东北棋王"称号。2001 年在聂卫平道场举办的"希望之星"选拔赛上获得第 7 名的好成绩，但因为年龄太小而放弃到聂道训练。本次联赛高恬亮坐阵景德镇队主将，连砍国内豪强最终取得 7 胜 2 负的优异战绩。景德镇市代表队余志明则更加神勇，9 战全胜。最终景德镇队首次夺得联赛冠军并获取 30000 元奖金，九江队获得亚军。2 年之后高恬亮冲段成功。

四、2011 年第六届发挥欠佳

2011 年，第六届萍乡"伟梦杯"，景德镇第一次举办了选拔赛。选拔赛规定除余志明免选外，其余棋手必须参加选拔获得前 3 名方可出线。比赛每周下一轮，共赛 7 轮。在选拔赛中饶文彬连胜 7 局获得第一，和邱战飞、张胜强一起出线。当年外援是冲段少年马逸超，次年即成功定段。

五、2012 年第七届主场夺冠

第七届江西省业余围棋联赛于 2012 年 11 月 23 日在景德镇市乐平市东方国际酒店激烈开战，本届联赛共有吉安队、上饶队、萍乡市凤凰山庄队、丰城队、鹰潭队、南昌队、宜春队、赣州海盛钨钼队、新余顺德队、九江队和东道主景德镇队11支江西各地棋队参赛，每队4台，固定第1台次为主将，第4台则与以往不同，要求必须为1名少儿棋手。比赛从23日晚开始，将持续到27日中午，共11轮，每场胜负计算方法完全与围甲联赛相同。业余界的新老天王级人物孙宜国、胡煜清、王琛、白宝祥等作为"外援"也参加了这一江西棋界盛会。

24日，中国围棋协会主席王汝南八段专程赶来捧场，著名国手、央视围棋名嘴王元八段携手著名围棋主持人陈盈初段在现场为广大棋迷大盘讲解比赛棋局，他们深入浅出的讲解和幽默诙谐的语言，引发了现场棋迷的阵阵笑声，现场其乐融融。当晚，江西省围棋协会主席郑克强，时任景德镇市委常委、政法委书记曹雄泰，景德镇市人民政府副市长熊皓，时任乐平市人民政府市长俞小平等领导嘉宾出席了晚宴并致辞。

比赛一共进行11轮，将于11月27日闭幕。本届比赛奖励前6名，奖金分别为30000元、10000元、8000元、6000元、4000元和2000元。11月24日下午，王元、陈盈这对"央视讲棋黄金组合"在东方国际酒店为当地棋迷进行了大盘讲解。

为了能在本届联赛中取得好成绩，景德镇队凭借东道主可以请2名外援的优势，请来同为业余界天王级棋手胡煜清和王琛"双保险"。经过连续5天的酣战，11月27日上午，随着最后一轮棋局的结束，第七届"伟梦杯"围棋联赛落下了帷幕，一路领先的东道主景德镇队以25分的战绩毫无悬念地夺得冠军，萍乡队以1个局分的优势获得亚军，南昌队获得第 3 名。这是景德镇队继 2009 年之后再次夺冠。

第七届江西省业余围棋联赛最终积分榜

第一名　　景德镇　25 分

第二名　　萍　乡　21 分（局分 26 分）

第三名　　南　昌　21 分（局分 25 分）

第四名　　上　饶　18 分

第五名　　鹰　潭　17 分

第六名　　赣　州　15 分

第七名　　丰　城　14 分

第八名　　宜　春　11 分

第九名　　九　江　11 分

第十名　　新　余　11 分

第十一名　吉　安　1 分

六、2013 年第八届表现平平

2013 年 11 月，第八届"伟梦杯"在抚州市拉开帷幕。此次提高了比赛奖金，前 6 名奖金分别为 40000 元、18000 元、14000 元、9000 元、6000 元、3000 元。另外，本次大赛的优秀本土选手，将有机会代表《南昌晚报》参加次年 1 月在厦门举行的第二十七届全国"晚报杯"业余围棋锦标赛。比赛的另一特点是围棋之乡丰城经组委会特批成为参赛单位，使参赛队伍达到 12 支，比赛以团体形式进行，共赛 7 轮。景德镇市代表队参赛选手除了"铁将军"余志明外，少儿选手是经过选拔赛产生的李之然 5 段，经推荐获得另外一个成人参赛名额的是刚刚勇夺上饶公开赛冠军的景德镇市新秀陈子敬 5 段，本次外援棋手是复旦大学高才生何天凝 6 段。

七、2014 年第九届景德镇棋手余志明战胜世界冠军胡煜清

2014 年 11 月 28 日至 12 月 2 日，第九届"伟梦·晶环杯"江西省业余围棋联赛在赣州市赣县新饭店酒店拉开战幕，江西省 11 个设区市及围棋之乡丰城市共 12 支队伍参与角逐。经过 5 天 8 轮激战，景德镇代表队再次勇夺冠军。

江西业余围棋联赛规定，每队每场 4 人出战，进行团体对抗。各队可以邀请 1~2 名外援。为培养江西围棋后备人才，各队必须安排 1 名 2003 年 1 月 1 日后出生的小棋手参赛。国内业余顶尖高手胡煜清、马天放、白宝祥、隋泽翔、叶凌云、何天凝、李天罡、唐崇哲等人受邀以外援身份参赛，使今年的江西省业余围棋联赛的竞技水平达到全国一流水准。为了迎接联赛，景德镇市围棋协会秘书长施卫东 5 段早布置早安排，精心组织选拔，最终确定代表队队员名单：队员有景德镇市第一高手、景德镇棋院副总教练余志明 5 段；小棋手在市少年围棋队内部选拔，谭剑峰 5 段 2：1 战胜李润庭 5 段后入选，他是第一小学五年级的学生；邀请的 2 名外援分别是来自上海清一围棋道场的叶凌云 6 段和复旦大学高才生何天凝 6 段。

与往年相比，今年的江西业余联赛赛制进行了重大改革，由单纯的积分循环改为 12 支队伍先进行五轮积分循环，排定名次。前 8 名进入淘汰赛，再经 3 轮角逐，确定最终名次。本次比赛奖励前 8 名。冠军奖金达到 40000 元。

第一阶段积分循环赛 28 日晚上举行了抽签。29 日上午第一轮比赛景德镇市对阵吉安，4：0 狂胜对手全取 3 分，取

得开门红。第二轮对阵赣州，景德镇市主将何天凝 6 段执白对阵对方外援、全国冠军唐崇哲 7 段，弈城围棋网对这场比赛进行了直播，结果何天凝惜败。第 2、3 台依次告捷后，第 4 台小将谭剑峰 5 段在优势局面下官子亏损，惨遭逆转。最终景德镇市代表队 2：2 主将负，仅取 1 分。第三轮对阵鹰潭，景德镇市棋手再度集体发力，将对手零封。3 轮过后，萍乡队和景德镇市队分列积分榜前两名，两队在第四轮相遇是天王山之战。萍乡队铁主将、外援胡煜清 8 段乃是中国业余围棋的领军人物、世界冠军、"四大天王"之首，此前已经取得主将 3 连胜。赛前排兵布阵，景德镇市代表队经过集体讨论，确定力争 1 分的目标，决定由余志明 5 段血拼胡煜清。战至中盘，胡煜清 8 段一直保持实地优势。此时其他棋局均已结束，何天凝 6 段不敌杭州棋校冲段少年张俊哲 6 段，叶凌云 6 段、谭剑峰 5 段胜出，景德镇市代表队暂时 2：1 领先。关键时刻，余志明 5 段一记妙手点入对方空中，棋局顿时逆转，胡天王频频陷入长考，奈何局势已非，不得已停钟认负。惊天大冷门！这是景德镇棋手在重大比赛中取得的历史性突破！全场顿时沸腾，景德镇围棋的实力令赛场震动。弈城直播则惊呼"胡煜清不败金身告破"。第四轮结束，景德镇市代表队全取 3 分后占据积分榜榜首位置。第五轮对阵南昌，南昌在所有参赛队伍中被公认综合实力最强，结果景德镇市 2：2 主将负。5 轮之后第一阶段积分循环赛结束，裁判员进行电脑记分，12 支参赛队伍的全体队员都在赛场紧张等待最后的排名和第二阶段对阵编排。晚上 10 时 45 分，结果终于出来，景德镇市以微弱优势领先于南昌总分排名第一。

第二阶段是淘汰赛。第一轮 8 强赛景德镇市代表队以循环赛第 1 名对阵第 8 名抚州，4：0，毫无悬念地结束了战斗。第二轮 4 强赛至关重要，对手九江队赛前摆出势在必得的架势。九江队主将、外援李天罡 7 段是全国冠军，两员副将均是省内名将，据说小将张耀中更是有弈城 9D 实力。战斗打响，主将之争九江李天罡果然技高一筹，战胜了叶凌云。此时后 3 台只要一台有失，景德镇市将与决赛无缘。第 4 台谭剑峰布局不利早早陷入被动，劣势下小谭尽力将局面引向复杂的乱战，全力扑杀对方大龙。关键时刻对手小将出现慌乱，最终超时负。紧接着第 2、3 台喜讯一一传来。3：1，景德镇市代表队艰难挺进决赛。

在另外一场半决赛中，宜春 2：2 主将胜南昌闯进决赛，宜春是上届冠军实力强劲。其主将陈旭东 6 段，前两场刚刚连胜胡煜清 8 段、马天放 7 段两位全国业余围棋天王，士气正盛。为此，景德镇市代表队召集全体队员精心研究布阵，确定由何天凝 6 段出战主将。开战后，小将谭剑峰由于心理压力太大出现误算，惨遭逆转，快速败下阵来。第 3 台，叶凌云也不敌宜春外援隋泽翔 6 段。0：2，全场都在议论"联赛历史上第一个蝉联冠军即将诞生"的话题。景德镇市围棋队教练施卫东 5 段现场观战心情焦急。关键时刻，第二次代表景德镇出战的何天凝 6 段不负众望，惊险取胜；最后一台余志明 5 段也在紧要关头逆袭成功。2：2 主将胜，景德镇市代表队夺得冠军！

八、2015 年蝉联冠军

2015 年 12 月 8 日，第十届"伟梦杯"江西业余围棋联赛在中国棋院圆满闭幕，景德镇队夺得本届联赛总冠军。继2014年夺冠之后，景德镇队2015年再次夺冠，成为"伟梦杯"历史上首个蝉联冠军的队伍。

不知不觉间，"伟梦杯"江西省业余围棋联赛已经举办到第十届，成为围棋爱好者最关注的江西省品牌赛事。"伟梦杯"十年庆得到了中国棋院的大力支持，将赛场设在了中国棋院，而且棋牌管理中心书记杨俊安出席开幕式，中国围棋协会主席王汝南在闭幕式现场颁奖，规格之高不亚于职业大赛。

本届"伟梦杯"赛场就设在中国棋院二楼比赛大厅，棋手们的餐饮则安排在中国棋院食堂，在以往这可是职业围棋赛事才能拥有的待遇。这一切对景德镇队本届蝉联冠军来说具有更加非凡的历史意义。对于本届参赛的景德镇队运动员来说，能够在中国棋院感受职业大赛般的对弈氛围，是一生难得的宝贵经历。

本届"伟梦杯"景德镇队组成了史上最强参赛阵容，外援请的是业余天王胡煜清8段，本地选手是余志明5段、薛溪璠5段、陈子敬5段（这3名选手后来都升入6段），少儿选手是参加去年比赛并夺冠军的小将谭剑峰5段。

比赛开始后，景德镇队携上届冠军之霸气，一路过关斩将杀进决赛，决赛的对手是以"全国围棋之乡"身份参赛拥有双外援的丰城队。

决赛开始，经过激烈的战斗前两局胜负分晓，薛溪璠败给丰城外援，谭剑峰也在少儿选手对决中失利，0：2！景德镇队夺冠形势顿时万分严峻。沧海横流，方显英雄本色，关键时刻，胡煜清8段主将胜对方另一外援，为景德镇队取得宝贵的 1 分强，两队胜率再次回归起点。最后一局，景德镇老将余志明 5 段沉着应对，官子小胜丰城队游杰凡，再次发挥出定海神针的作用，凭此一胜助力景德镇队实现神之逆转。

九、2016 年第十一届庐山惜败屈居亚军

2016 年 11 月 22 日至 25 日，由庐山西海风景区管委会承办的第十一届"伟梦·庐山西海杯"江西省业余围棋联赛经过 4 天的激烈角逐，在庐山西海圆满落幕。景德镇市代表队一路过关斩将闯进决赛，在决赛中以 2∶2 战平主将负的微弱差距惜败于吉安队屈居亚军。景德镇市名将余志明 5 段 8 战全胜获最佳胜率奖。

"伟梦杯"江西业余围棋联赛是中国创办最早的省级业余围棋联赛。每年举办一届，已成为江西省最高水平传统围棋赛事。本届比赛共有全省 11 个设区市以及"全国围棋之乡"丰城共 12 支代表队 69 名业余围棋界高手参赛，年龄最小的只有 11 岁。本次比赛分排位赛和淘汰赛两个阶段举行，冠军奖金人民币 40000 元。景德镇市代表队除本市名将余志明 5 段、小将薛溪瑙 5 段、陈子敬 5 段外，请来超级外援、世界冠军胡煜清 8 段加盟组队。

在当年 11 月 26 日结束的由省教育厅主办的江西省教育成果展围棋项目比赛中，景德镇市选手谭剑峰 5 段获得一等奖。谭剑峰是 2014、2015 连续两年景德镇市"伟梦杯"江西省业余围棋联赛冠军队成员。

十、2017 年连续亚军

2017 年，第十二届"伟梦杯"江西省业余围棋联赛移师

上海棋院举行。本次比赛景德镇队阵容：外援何天凝，本土余志明、薛溪瑙、陈子敬。除了外援不是天王级外，其余3名本地选手代表景德镇业余围棋当今最高水平，3名选手均有业6实力。前五轮小组赛结束时，景德镇、南昌、九江、赣州、萍乡、丰城、上饶、宜春分别获得了前8名。最后3轮，前8名进行三轮淘汰赛。

最后一轮冠亚军决战，景德镇和南昌强强对战势均力敌，谁夺冠都属正常，最后的结果景德镇队1：3输给南昌再次获得亚军。

十一、2018年获团体第四

2018年，第十三届"伟梦杯"江西省业余围棋联赛在成都举行，景德镇队阵容有外援胡煜清8段、余志明老师、薛溪瑙6段，可惜的是景德镇队另一主力陈子敬5段因为要参加上海财经大学重要考试而缺席了比赛。代替出战的郑勇军老师虽然表现英勇，比赛中挑落业余6段1名，但因比赛经验不足总体胜率稍差，最后景德镇获得团体第四名。

十二、2019年第十四届"伟梦杯"13岁刘乐阳狂风八连胜

2019年，第十四届"伟梦杯"江西省业余围棋联赛在鹰潭龙虎山庄举行。本届比赛，景德镇队请到的外援李知宸是1名冲段少年，其实力比联赛中的天王级外援略逊一筹。为了培养顶尖棋手中的新生力量，景德镇市围棋协会决定在本次比赛中将锻炼机会留给少年棋手。最后，经过景德镇棋院弈友会内部选拔，年仅13岁的刘乐阳5段最终入选"伟梦

杯"主力名单。景德镇棋院弈友会是景德镇目前水平最高的围棋集训队伍，由余志明老师领衔，郑勇军 5 段、饶文彬 5 段两位成年高手以及刘乐阳、李之然等 6 名 5 段少年选手组成，每两周进行一次循环圈比赛并进行复盘讲座，循环赛总冠军奖金 10000 元。

本届"伟梦杯"景德镇队最终阵容为外援李知宸，本地选手余志明、鄢新平、陈子敬、刘乐阳，其中陈子敬因为学校考试从第五轮开始下，鄢新平下前四轮。比赛中，景德镇队外援李知宸发挥欠佳，在主将对决中仅胜 2 局，特别是在进入淘汰赛八强战中痛失好局，景德镇队最终取得团体第五名的成绩。

本届比赛，景德镇本地选手表现亮眼，余志明老师和刘乐阳均为全胜，特别是小将刘乐阳初次登台"伟梦杯"就豪取 8 连胜，更是击败了省内名将吉安陈子龙 6 段，一时震动赛场。各地选手纷纷驻足观看惊呼：景德镇怎么又出了个这么厉害的少年棋手？

第八节　承办江西省业余围棋公开赛

2002 年，景德镇市围棋协会开始筹办一年一度的本地业余棋手围棋比赛，对获奖棋手给予现金奖励，比赛时间定在春节前夕。比赛通知一经发布就得到全市广大围棋爱好者的热烈欢迎，大家踊跃报名，参赛者水平从业余五段到业余级位都有，实力最大差距达到 5 子以上。2002 年比赛的冠军奖金为 1000 元，之后有所增加。能够有实力获得奖金者只在少数，参赛者大多数为了棋友相聚和过棋瘾。每次比赛成绩出来之后，高手排座次都会被棋友们津津乐道一整年。2002 年首届比赛名称叫作"全市围棋棋王赛"，自 2010 年起更名为"迎春杯"全市围棋棋王赛，冠军奖金逐年升至 3000 元，2018 年经江西省体育竞赛管理中心批准升格为江西省业余围棋公开赛，冠军奖金提升到 10000 元。2014 年之前，余志明 5 段连续 13 年蝉联冠军，2015 年从杭州棋院学棋归来的薛溪瑈 5 段夺得冠军，宣布了一个时代的终结。2016 年之后，随着省内业余豪强的参赛，景德镇本地赛事历经十余年坚守终于铸就品牌，迎来全新的时代。

一、2015 年少年棋手薛溪瑈荣膺瓷都新"棋王"

2 月 14 日至 15 日，2015 年景德镇市"迎春杯"围棋棋王战暨景德镇围棋团体赛在半岛国际酒店举行。本次比赛共有 60 余人参加，不但囊括了本地几乎所有围棋高手和爱好者，还吸引了来自南昌、鹰潭、上饶、抚州等全省各地的冲段少年 20 多人前来交流技艺，其中多人正在全国知名围棋道场学棋。参加比赛年龄最大的 50 多岁，最小的只有 8 岁，最高段位 5 段，最低段位 2 段，平均段位 4.3 段。

经过 2 天共 7 轮的激烈角逐，景德镇市 13 岁少年棋手薛溪瑈 7 战全胜荣获冠军并获得 3000 元奖金。薛溪瑈 5 岁进入景德镇棋院学棋，之后转到杭州学棋 5 年，目前就读于杭州棋校冲段班，暂时放弃学业专职学棋。曾经蝉联景德镇棋王 10 余年的余志明 5 段获得亚军，在年轻一代风暴的冲击下，老棋王终于走下神坛。获得 3—8 名的选手分别是潘天行（上饶）、郑鸿奎（鹰潭）、傅文栩、杨兆瑞（鹰潭）、饶文彬、陈子敬。获得少儿组前 6 名的选手分别是：李之然、谭剑峰、文奕飞、曾子荣（南昌）、曾子瑞（南昌）、李润庭。

获得团体成绩前 3 名的分别是：景德镇棋院代表队、景德镇棋院昌河分院代表队和市少年一队。

二、2016 年"迎春杯"南昌棋手陈俊宇夺冠

2 月 1 日至 3 日，景德镇市第五届"迎春杯"围棋棋王赛在半岛国际酒店六楼会议厅举行。比赛由景德镇市体育局、景德镇市围棋协会、《瓷都晚报》共同主办；景德镇棋院承办。通过连续四届的努力，景德镇市"迎春杯"围棋棋王赛已经渐成品牌，逐渐向周边地市辐射，吸引了全省各地的围棋高手参赛，已经办成赣东北地区最具影响力的高水平围棋传统赛事。

本次比赛共有 52 名棋手参赛，均为业余 3 段以上棋手，其中外地报名参赛的有南昌、上饶、鹰潭及婺源等地顶尖围棋高手近 20 人。比赛选手中年龄最大的是南昌名将徐峰，今年 50 岁，年龄最小的是市少年围棋队 2007 年出生的"七小龙"，他们都是景德镇市的明日之星。比赛采用积分循环制，每方用时 60 分钟包干，奖励前 8 名，冠军奖金 3000 元。

经过 3 共天 9 轮的激烈角逐，来自南昌的大学生棋手陈俊宇 5 段 9 战全胜夺得冠军，这是景德镇市五届"迎春杯"围棋棋王赛历史上首次冠军被外地棋手夺得。景德镇市名将，江西围棋六冠王余志明 5 段 8 胜 1 负屈居亚军，另两位瓷都本土冲段少年薛溪瑨 5 段、陈子敬 5 段分列 3、4 名，获得 5—8 名的分别是舒雷 5 段（南昌）、胡振鹏 5 段（南昌）、潘志强 5 段、潘天行 5 段（上饶）。

为了激励少儿棋手，本次比赛特别规定2004年1月1日以后出生的小棋手名次单列。获得少儿前6名的分别是：刘乐阳5段、李之然5段、谭剑峰5段、余晨希5段、赵少昂5段、文奕飞5段。

三、2018年"瓷都杯"升格为江西省围棋公开赛

2月9日至11日，2018年"瓷都杯"江西省围棋公开赛在景德镇市半岛国际酒店六楼会议厅举行。本次比赛由景德镇市围棋协会主办，景德镇棋院承办，指导单位是江西省社会体育指导中心。本次比赛共有96名棋手参赛，参赛选手中不仅有来自南昌、上饶、九江等地的江西省围棋顶尖水平棋手，还有许多外省选手。比赛选手中年龄最大的是景德镇市名将樊印保，接近70岁，年龄最小的只有9岁；段位最高的是南昌选手，全国赛冠军陈俊宇7段，段位最低的是3段。值得一提的是，本次比赛有两对父子棋手、一对父女棋手同场竞技。比赛采用积分循环制，每方用时70分钟包干，奖励前10名，冠军奖金10000元。

今年的比赛异常激烈，最大的夺冠热门，曾经连续两次在景德镇夺冠的南昌棋手陈俊宇7段在第5轮时已经输掉两盘，提前退出冠军争夺，最后一轮，全场唯一的7连胜选手，来自青岛的胡绪键5段败于抚州棋手孙超6段，8轮结束无一人全胜，共有4人7胜1负。经过电脑比较对手分排名，最终胡绪键5段凭借小分优势夺得冠军，景德镇市少年棋手薛溪瑎6段勇夺亚军，获得3—10的分别是：胡振鹏5段（南昌）、孙超6段（抚州）、陈子敬5段、余志明5段、陈俊宇7段（南昌）、潘志强5段、傅文栩5段、谭剑峰

5 段。

为了激励少儿棋手，本次比赛特别规定 2006 年 1 月 1 日以后出生的小棋手名次单列。获得少儿前 6 名的分别是：刘乐阳 5 段、刘畅 5 段（抚州）、刘嘉兴 5 段、邢姜宁 5 段（浙江）、王涵宇 5 段（武汉）、侯轶玮 5 段。

"瓷都杯"江西省围棋公开赛的前身是景德镇市"迎春杯"围棋棋王赛，从 2002 年起连续举办了 15 年，已经成为景德镇辐射全省的春节前夕的传统围棋赛事，2017 年开始升格为全省公开赛并提升奖金金额，今年是参赛选手人数最多的一年。

四、2019 年景德镇市选手刘嘉兴勇夺少年组冠军

1 月 25 日至 28 日，"三宝国际瓷谷杯" 2019 年江西省围棋公开赛在景德镇市半岛国际酒店六楼会议厅举行，本次比赛由景德镇市体育总会主办，景德镇市围棋协会和景德镇棋院承办，协办单位是景德镇市职工文体协会、珠山区文体协会。本次比赛共有 82 人参加，参赛选手均为省内顶尖围棋高手和冲段少年，其中有 1 名职业一段、1 名业余 7 段和多位业余 6 段，景德镇市围棋名将余志明 5 段、薛溪瑨 6 段、陈子敬 5 段等参加了角逐。

经过 3 天共 8 轮的激烈角逐，来自南昌的陈俊宇 7 段以全胜战绩夺得冠军并获得 10000 元奖金，这是陈俊宇第三次在景德镇市夺冠，陈俊宇 7 段曾获全国业余围棋赛冠军，在今年 1 月初举行的全国"晚报杯"业余围棋赛上打进十强，并且战胜了当今中国业余围棋第一人王琛 7 段。获得亚军和季军的分别是来自南昌的胡振鹏和抚州的孙超。

为了激励少儿棋手，本次比赛特别规定 2007 年 1 月 1 日以后出生的小棋手名次单列。在少儿组的争夺中，景德镇市选手刘嘉兴 5 段不负众望顽强拼搏勇夺冠军，鹰潭和上饶小将桂诗云、张栋宁分获亚军季军。

在比赛现场，景德镇市围棋协会、景德镇棋院发布了有利于景德镇市少儿围棋竞技水平提高发展的重大利好消息：遵照省委省政府大力发展江西文化建设的总体部署，为促进江西围棋事业可持续发展，在省领导的关心和景德镇市委、市政府的大力支持下，省围棋协会拟于 2019 年成立江西省黑猫少儿尖蕾围棋队，面向全省选拔优秀少儿围棋苗子 8 人，其中特别给予景德镇市 4 个免试入选名额，通过 3 年集训，至少培养 2—3 名职业段位棋手，其余均达到冲段少年（职业段位）水平。尖蕾围棋队聘请知名职业棋手担任主教练，并选拔优秀教练员担任助教，配备生活管理员。基地设在南昌市，安排南昌重点中、小学就读，每年寒、暑假在景德镇市集训，采取集中学习训练的方式进行管理。学费、住宿费全免，给予适当生活补贴。主办方每年为该队投入 180 万元资金，努力打造江西围棋"黄埔"生。以该队成员为主参加每年全国围丙、围乙联赛，获得常人难有的宝贵锻炼机会。

五、2020 年成家业职业三段全胜夺冠

1 月 18 日至 20 日，"黑猫杯"2020 年江西省围棋公开赛在景德镇棋院举行。本次比赛共有 108 名选手参加，参赛选手来自上海、太原、南昌、鹰潭、上饶、抚州等地，都是国内省内顶尖围棋高手和冲段少年，其中有 3 名职业选手、1

名业余 7 段和 4 名业余 6 段，比赛选手中年龄最大的已有 64 岁，最小年龄者不到 7 岁，最高段位是职业三段，最低段位为业余 3 段。景德镇市是东道主，同时又是江西围棋重镇，派出了由省内名将余志明 5 段、鄢新平 5 段领衔，陈子敬 5 段、傅文栩 5 段两位 99 绝代双骄和薛溪瑁 6 段、李之然 5 段等瓷都围棋新生代"00 后""小五虎将"组成的强大阵容参加了角逐。

经过 3 天共 9 轮 540 盘的激烈角逐，来自山西太原的职业三段选手成家业技高一筹以全胜战绩夺得冠军并获得 10000 元奖金，成家业是此次参赛选手中段位最高者。亚军获得者是抚州职业二段万乐奇，上海 11 岁小神童周子由 5 段获得季军，景德镇市名将余志明 5 段不畏强手奋勇拼搏勇夺第四，曾经在景德镇市举办的江西公开赛上三次夺冠的南昌高手陈俊宇 7 段发挥欠佳，仅获第五名。获得第六到第十名的选手分别是薛溪瑁 6 段（景德镇）、王梓莘职业初段（女，抚州）、潘天行 6 段（女，上饶）、王璐怡 5 段（女，景德镇）、陈子敬 5 段（景德镇）。

为了激励中老年棋手，本次比赛特别规定 1979 年 12 月 31 日以前出生的棋手名次单列。获得中老年组前三名的选手分别是余志明 5 段（景德镇）、赵治伟 6 段（九江）、鄢新平 5 段（景德镇）。在少儿组的争夺中，周子由 5 段（上海）、刘序尧 5 段（南昌）、黄与值 5 段（南昌）分列前三，景德镇市小将应宇涵 5 段获得第五名。

本次比赛有一群豆蔻年华的青春美少女棋手参赛，而且她们战绩都不错，都在前面台次比赛且距离相近，吸引了众多观战者的目光，成为赛场一道亮丽的风景线。本次比赛有两对父子棋手、一对双胞胎棋手、一对兄弟棋手、一对姐妹棋手同台竞技，其中来自鹰潭的李光熙、李钟毓父子在第六轮时刚好相遇被编排成对手，虽是父子对局，却依然专注紧张，盘面杀气腾腾，一时传为赛场佳话。

2020 年的比赛是历年来参赛人数最多、参赛选手覆盖面最广、参赛高手最多（业余 6 段以上共有 8 人）、参赛者段位最高（职业三段）的一次。

第八章　群众围棋活动

第一节　景德镇对阵九江城市围棋擂台赛

经过数月的策划和酝酿，江西省围棋界一场重量级围棋赛事景德镇对阵九江城市围棋擂台赛于 2016 年年初激情开战。本次擂台赛仿效中日围棋擂台赛比赛赛制，由景德镇市围棋协会和九江市围棋协会共同主办。

比赛规则规定，由景德镇和九江两城市各派 8 名本市户籍的最高水平棋手组成队伍，采用打擂台的形式决出最后的胜负。胜者坐擂，负方依次派遣棋手打擂，直至一方"主帅"被击败为止。比赛采用中国棋院最新比赛规则，每方用时 90 分钟包干。比赛总奖金 20000 元。

根据赛前双方商定，第一场出战的先锋必须由 2004 年 1 月 1 日以后出生的小棋手担任，最后上场的主将由指定棋手，其余棋手则可赛前随机出战。

比赛约定在景德镇和九江两市轮流举行，每月一回合赛两局，预计 4 到 8 个月结束赛程。开幕式首回合第一局比赛将于 3 月 27 日在景德镇市围棋文化交流中心举行。

一、27 年的擂台情缘

比赛结束后，九江市围棋协会副主席、九江职业大学教授陈老颇有感慨地说道："这次是景德镇对九江的第二次围棋擂台赛，27 年前的 1989 年我当时只有二十多岁，作为棋手参加了比赛，结果九江主将被景德镇第 5 个出场的选手击败，今年我作为赛事组织者之一全程关注比赛，结果九江主将被景德镇第 4 个出场的选手击败……"

1989 年正是中日围棋擂台赛聂卫平横扫擂台掀起全国围棋热的年代。27 年前的围棋比赛，还能被两市的棋友偶然谈起，这就是擂台赛的魅力。27 年前擂台赛的具体情况已无从考证，但是本次擂台赛的策划与当年的擂台赛不无关系。

此次擂台赛前，九江队从围棋协会组织者到队员都摩拳擦掌"信心十足"志在必得。而景德镇市作为全省唯一获得过 4 次省"伟梦杯"业余围棋联赛冠军的队伍，全队 8 员战将誓言捍卫江西围棋传统强队的尊严。两市棋院更是纷纷组织棋迷参与微信公众平台有奖竞猜，一时气氛热火朝天。

二、精锐尽出

此次擂台赛九江方面由全省冠军赵治伟 5 段担纲主将，辅以多位全省全市冠军，其余则遍选 10 余县区高手。景德镇市排出 3 老带 5 小的阵势，由全国名将、全省 6 冠王余志明 5 段担任主将。其中的 5 员小将，全部具有赴道场学棋经历，其中 3 人更是较长时间在北京、杭州等道场学棋。本阵势有全国冠军 1 人，其余 4 人也都曾获全省冠军。

景德镇队全部队员简介

谭剑峰5段（先锋），弈城8D，2004年出生，国家二级运动员。5岁入景德镇棋院学棋，2次获全省少儿赛冠军。2次入选江西省"伟梦杯"业余围棋联赛冠军队成员。

李之然5段，弈城8D，2004年出生，国家二级运动员。5岁入景德镇棋院学棋，3次获全省少儿赛冠军，省运会团体赛亚军队成员，入选江西省"伟梦杯"业余围棋联赛冠军队成员。2014年8月入选杭州棋校读训班学棋。

陈子敬5段，弈城9D，1999年出生，5岁入景德镇棋院学棋，2次获全省少儿赛冠军，1次获全省成人赛冠军，2016年获福州围棋公开赛冠军。

薛溪璐5段，弈城9D，2002年出生，5岁入景德镇棋院学棋，现就读于景德镇一中初一试验班。第五届"安顺百灵杯"全国少儿围棋公开赛儿童A组季军，第十届"伟梦杯"江西省业余围棋联赛冠军队成员，第四届景德镇市"迎春杯"围棋赛冠军。2011年入选杭州棋校冲段班学棋4年。

傅文栩5段，弈城9D，1999年出生，5岁入景德镇棋院学棋，曾获全省少儿赛冠军，2015年获全市成人邀请赛冠军。

曾景文5段，1967年出生，景德镇棋院副总教练。市运会围棋赛亚军。

饶文彬5段，弈城9D，1975年出生，景德镇棋院副总教练。

余志明5段（主将），弈城9D，1976年出生，景德镇棋院副总教练。3次获全省个人赛冠军，3次入选全省"伟梦杯"业余围棋联赛冠军队主力成员。景德镇市"迎春杯"棋王赛 13 连霸。

九江队部分队员简介

赵治伟 5 段（主将），弈城 9D，2 次获全省围棋赛冠军。

刘毅 5 段，弈城 9D，九江市围棋赛冠军。

武泽宽 5 段（先锋），弈城 9D，全省少儿围棋赛冠军。

三、首回合平分秋色

3 月 27 日擂台赛拉开战幕。上午 9 时，经过简短的开幕式和双方队员合影之后，比赛正式开始。本场比赛为首回合第一局双方先锋之战。根据比赛规则，双方先锋必须是 2004 年 1 月 1 日以后出生的少儿棋手。景德镇队先锋谭剑峰 5 段和九江队先锋伍泽宽 5 段都出生于 2014 年，均有弈城 8D 实力。

经过猜先，谭剑峰执黑先行。布局阶段白棋早早打入黑空挑起战斗，黑棋选择进角转换，白棋在中腹筑成外势。进入中盘以后白棋凭借厚势发动猛攻，而黑棋行棋拘谨，形势被动。后半盘谭剑峰频频长考，四处出击试图扭转形势，奈何实地不足且用时告急败势已浓。最后在时间逼迫下打出一记"大勺"最终超时负于对手。

第 2 局景德镇队派出另一名 2014 年出生的小将李之然 5 段上台攻擂。开战后，李之然利用巧妙的弃子战术轻取伍泽宽，将比分扳成 1：1 平。

四、意外的连胜

第二回合两场比赛移师九江市围棋协会特别对局室开战。第 3 局比赛，九江队派出大将，全省公安系统围棋赛冠军关志坚5段出战，关志坚5段具有弈城9D实力。九江方面请来白光源职业三段现场挂盘讲解。经猜先李之然执黑先行，布局阶段，执白的关志坚在中腹筑成厚势，相对好下。然而进入中盘以后，白棋开始保守，处处回避战斗造成局势被动，最后阶段被李之然一记组合拳击溃。第4局，九江队出场的是2015年全市围棋赛冠军张勇5段，张勇5段是省内名将，也是弈城9D。本局李之然执白，战至中盘双方形势相当难分优劣。第106手李之然在敌空中出动试应手，张勇断然冲断反击，本来白棋已岌岌可危，但是关键时刻张勇忽视了一个次序交换，李之然一记透点后形成转换，黑已大损。最终李之然小胜。

至此，李之然取得3连胜，夺得1000元连胜奖金。

五、破竹五连胜

6月18日，景德镇对阵九江城市围棋擂台赛第三阶段比赛在景德镇市围棋活动中心拉开战幕。

第5局，九江队为了阻止景德镇市少年李之然的连胜，派出大将刘毅5段。刘毅曾获全省冠军，具有弈城强9实力。上午9时比赛开始，本局李之然执黑先行，布局阶段黑方祭出定式"飞刀"，但是从结果看并不理想。进入中盘，第一次接触战形成转换，白方实地获利颇丰，之后李之然奋力攻击对手弱子，强手连发，第104手白棋次序异常，出现失误，局势一泻千里。至终局白棋大龙愤死。下午第6局开始，李之然势不可当，执白轻取九江队宋磊明5段。至此，第3阶段比赛结束，景德镇市5:1暂时领先。根据比赛规则，本次比赛总奖金20000元，李之然5连胜后个人连胜奖金已累积至 3000 元。

六、止步六连胜

7、8月间，因为涨水及比赛时间冲突原因，擂台赛暂停比赛。10 月 30 日，擂台赛第四回合在九江再燃战火。本回合共赛 2 局，在 30 日上午举行的第 7 局比赛中，景德镇市选手、本届擂台赛威震九江的少年英雄李之然 5 段再次完胜对手豪取 6 连胜；但是在当日下午开战的第 8 局比赛中李之然发挥不佳，败于九江队副将周正心 5 段。景德镇队以总成绩 6：2 领先九江队。

第 7 局，九江队派出名将李擎 5 段，面对 5 连胜的疯狂少年，李擎 5 段立功心切心理压力沉重，一开局便显出招法僵硬变形，最后盘面大差不得不中盘认负，李之然 6 连胜后个人连胜奖金已累积至 4000 元。下午第 8 局比赛由九江副将周正心 5 段攻擂，本局李之然执白，布局阶段顺风顺水再次取得主动。围棋圈大赛直播微信公众平台对本次比赛全程直播。正当观战棋迷欢欣鼓舞憧憬 7 连胜之时，李之然第 48 手忽然弈出无理手，几步交换之后黑中腹棋筋被制，形势陷于被动。之后为了扭转劣势李之然四处出击挑起战端，奈何周正心经验丰富冷静应对，局势虽几经激烈转换，黑棋依然将优势保持到终局。

本回合结束，九江队还剩 2 人，景德镇队尚存 6 员战将，阵容完整。

七、第三少年逼出九江主将

11 月 13 日第五回合比赛，景德镇队第三个出场的小将薛溪瑨5段主场作战，在上午第9局比赛中顽强拼搏，最终凭借两记手筋击溃九江副将周正心5段。下午再战，九江主将赵治伟5段执黑先行，发挥出色，而薛溪瑨则显得不在状态，战至251手已是盘面大差，不得不中盘认负。

八、8∶3! 终结者是陈子敬

擂台赛第六回合第11局比赛在九江市职业大学开战，景德镇队17岁小将陈子敬5段中盘击败九江队主将赵治伟5段，为景德镇市队锁定胜利，双方比分定格在8∶3。

本轮比赛之前九江仅剩主将赵治伟1人坚守"最后的堡垒"，景德镇市队则尚存5员战将。本局经过猜先陈子敬执黑先行，布局阶段黑棋弈出问题手，白方形势不错，但是进入中盘之后白棋强行逃出中腹孤棋造成全局被动，陈子敬抓住机会牢牢控制住局面对白方3块弱棋展开缠绕攻击，白方赵治伟虽奋力顽抗，但眼看回天无力不得不推枰认负。

作为"全国围棋之乡"，景德镇市每年要组队参加的全国、全省大型围棋比赛近十个，其中有：全国城市围棋联赛、"全国围棋之乡"围棋赛、江西省"伟梦杯"业余围棋联赛等。景德镇市近年来还举办了大型围棋活动二十余场，莅临景德镇的围棋名人、世界冠军、国手上百人次。与此同时，景德镇围棋协会更加注重围棋项目作为群众体育的推广，先后策划举办了如景德镇对阵九江围棋擂台赛、景德镇对阵鹰潭城市围棋对抗赛、景德镇对阵日本围棋代表团对抗赛等形式新颖多样、更能吸引棋友棋迷参与的围棋比赛活动。

第二节 成人对阵少儿优秀棋手围棋擂台赛

2013 年 12 月 11 日晚，虽然天气有点冷，金和汇景一楼大厅却灯火通明、人头攒动、气氛火热。景德镇市成人对阵少儿优秀棋手围棋擂台赛最终局，两队的主将大决战正在激战之中。本局之前两队战成 7：7 平，擂台赛经过半年多的苦战已经演变成一局定输赢，两队选手和全市棋迷对比赛的关注度空前高涨起来。

本次擂台赛成人队的主将是来自景德镇学院的副教授郑勇军，多次获得全市比赛前 6 名，具有全市一流水平。少儿队的主将是来自实验小学 5 年级的李睿彬，正在景德镇棋院学棋，今年 10 岁，上半年刚刚获得全省"龟峰杯"少儿赛冠军升入 5 段，上一场击败老冠军向正寿，实力不容小觑。经过猜先，攻擂者成人队郑勇军执黑先行，开局双方平稳进行，棋至中盘小将李睿彬奋勇打入黑角，黑方试图强吃白棋下出无理手，白方顿时形势大好。劣势下，乱战之雄郑勇军四处挑起争端，终于在左下角凭借小棋手的应对失误下出劫争。之后小棋手李睿彬再次出现误算，盘面太差不得不中盘认负。成人队最终以总比分 8：7 惊险胜出，成为本次成人对阵少儿优秀棋手围棋擂台赛优胜队。

本场比赛由景德镇市著名棋手余志明 5 段现场大盘讲解，围棋爱好者数十人来到现场听讲。

景德镇成人对阵少儿优秀棋手围棋擂台赛可以评选为瓷都围棋界年度最佳创意。此次擂台赛由景德镇市围棋协会主办，比赛地点设在金和汇景二楼市围棋协会特别对局室，一楼现场挂盘讲解。时间是逢周三每半月一场。比赛用时为每方 45 分钟加 3 次 30 秒读秒。比赛设记谱 2 人、传谱 1 人。每队出 8 人，少儿队选手全部来自市少年围棋队，平均段位 4 段以上。成人队选手则是来自全市各行业的业余高手。

擂台赛自 5 月 22 日开战以来，每场比赛赛前《瓷都晚报》刊登比赛预告，赛场大型游走字幕公告比赛场次和对局者姓名。大盘讲解现场座无虚席，观者如云。

首场先锋之战至关重要，少儿队来自第一小学的李润庭 5 段痛失好局不敌成人队先锋汪长毓。次局汪长毓先生投桃报李，同样在必胜的局面下出现低级失误将即将到手的连胜拱手让出，胜利者是邹仰珩 3 段。第三场，成人队来自陶瓷学院的占松青攻擂成功。第四场，信心满满的全省少儿赛冠军、市小棋王争霸赛冠军谭剑峰 4 段登场攻擂，却在占松青先生厚实的压制下全无机会。第五场，占松青先生再胜文奕飞 4 段，度过惊险，豪取 3 连胜。第六场，刚刚从北京马晓春围棋道场学棋归来的李之然 5 段攻擂，优势下不知收兵，成就了成人队的 4 连胜。第七场，危急时刻提前出场的李铭辉 5 段在前半盘大局落后的情况下顽强追赶，不断寻觅战机，终盘前终于抓住一次机会，眼明手快、手起刀落，取得了一场艰难的胜利。第八场，成人队的胡全泉警官在前半盘大优的局面下，苦于时间不够，在读秒声的催促下连续失误，最终惨遭屠龙。少儿队得以再扳 1 分。第九、第十场，顶替李铭辉出战的杨诚悦 4 段战胜屈立新后负于刘国华，第十一、第十二场，来自六〇二中学的黄友志 5 段再次力挽狂澜为少儿队连胜两局，第十三场是双方副将的对冲，堪称天王山之战，然而本局黄友志状态全无，脆败于 20

世纪 80 年代市运会围棋冠军向正寿。第十四场，小将李睿彬不负众望，奋勇扳头，终于战胜老冠军，将比赛带入主将大决战的高潮时刻，瓷都围棋界的激情被再次点燃。

第三节 "围棋进课堂"促进小学围棋活动蓬勃开展

　　20 年的风雨历程、20 年的滴滴浇灌，瓷都的围棋之花如今已经结出丰硕的果实。2003 年景德镇市"围棋进课堂"工作在全省率先起步，20 年后的今天，第一批接受"围棋进课堂"教育的学生已经迈进大学校园，景德镇市"围棋进课堂"、体教结合取得的成绩已经名扬全国，多次得到时任中国围棋协会主席王汝南等领导的表扬和肯定。

一、景德镇市"全国围棋特色学校（幼儿园）"授牌仪式在昌江区实验学校举办

　　2021 年 12 月 13 日下午，景德镇市"全国围棋特色学校（幼儿园）"授牌仪式在昌江区实验学校顺利举办。10 月 25 日，经各围棋之乡推荐、省级围棋协会审核、广泛征求意见、社会公示等规范程序，中国围棋协会正式发布全国围棋特色学校（幼儿园）342 个，其中江西景德镇市 9 所特色学校（幼儿园）荣列其中。

　　中国围棋协会原主席王汝南、景德镇市人大常委会主任曹雄泰、市政协主席俞小平、市人大常委会秘书长雷铧、市体育局党组书记何明旺、市教育局一级调研员吴子仁、昌江

区人大常委会主任李恩清、昌江区人民政府副区长张碧珍等出席了本次景德镇市授牌仪式。

授牌仪式上，王汝南表示，围棋是我国的传统文化，有着悠久的历史，希望获得授牌的学校能以此为契机，更多地关注围棋的普及，倡导快乐围棋，让孩子们高高兴兴下围棋，快快乐乐学围棋。

昌江区政府副区长张碧珍致欢迎词表示，围棋是中国传统文化的经典内容和代表性项目，学校是传承中国传统文化的主题阵地，请大家珍惜此次授牌，为今后围棋推广奠定基础，将学校办成既有传统文化底蕴，又有智慧科技的现代化校园。把"读诗品文""琴韵棋弈"等系列活动有效融入校园文化建设中，开发独具特色的民俗文化课程，打造诗韵流彩的书香校园。作为授牌学校代表，昌江区实验学校校长陈国忠在发言中表示：在"双减"政策背景下，昌江区实验学校将继续把"围棋文化"融入校园文化建设中，实现以棋育人、以棋启智、以棋养德、以棋促融，培养学生善思、善辩、善研、善习的能力，增强学生对中国优秀传统文化的自豪感与自信心。

荣获此次授牌的景德镇市 9 所特色学校（幼儿园）分别是：昌江区实验学校、市第十七中学、市第七小学、珠山区实验幼儿园、乐平市幼儿园、乐平市第九小学、昌河幼教中心、昌江区中心幼儿园、市陶阳学校。

二、景德镇一小获授"全国围棋特色学校"，聂卫平亲临揭牌

2018 年 11 月 1 日上午，中国围棋协会副主席聂卫

平，时任景德镇市委常委、政法委书记曹雄泰，江西省围棋协会秘书长喻平，景德镇市围棋协会主席洪维平等一行人来到景德镇市第一小学，参加了该校"全国围棋特色学校"揭牌仪式。

景德镇市第一小学创建于 1942 年，已有 78 年历史。学校目前有 5000 余名学生，规模惊人。景德镇市第一小学长期开展围棋普及教学，于 2018 年 10 月被中国围棋协会授予"全国围棋特色学校"（全国仅 18 所）。

为迎接聂卫平的到来，学校组织了盛大的欢迎仪式，数百名学生身着盛装为聂卫平表演节目。

聂卫平在学生讲解员的引导下参观了校史展览。之后，一行人来到会议室，校长王娟向聂卫平介绍了学校开展围棋教学的相关情况。

聂卫平向校长王娟表示，学围棋能够开发学生智力，提高学生综合素质，有方方面面的好处。说到兴起处，聂卫平笑言："我以前常说，中国足球踢不好，最重要的一个原因是这些球员都不会下围棋。"

在观看完学生们的现场对弈之后，举行了"全国围棋特色学校"揭牌仪式，由聂卫平亲自为学校揭牌。

在揭牌仪式的讲话中，聂卫平说，景德镇市第一小学是一所朝气蓬勃的学校，希望学校的所有小朋友牢牢记住"好好学习，天天向上"的教导，奋发图强，好好努力，将来成为国家的栋梁，为祖国作出贡献。聂卫平最后强调："要想做到这些，有一个好的捷径，就是把围棋学好。希望你们好好学习围棋，以后多为国家作贡献。"

三、"陈毅爱心围棋教室"入驻实验学校

2014年3月10日，"陈毅爱心围棋教室"在市实验学校揭牌，这标志着景德镇市多年来辛勤浇灌的"围棋进课堂"这一特色教育品牌结出硕果。"陈毅爱心围棋教室"由中国围棋协会和上海市应昌期围棋教育基金会主办，上海市应昌期围棋教育基金会捐赠。主办方通过对实验学校各方面的考察，包括硬件设施及参与人数，各项指标达标后才确定在此建立爱心教室。市实验学校"陈毅爱心围棋教室"是全国第17号教室，也是江西首号教室。

"陈毅爱心围棋教室"的创建为传承中国优秀围棋文化提供了一个新的平台，也为开发学生智力、造就我们民族下一代的创造力提供了保障基础。世界冠军陈耀烨九段和崔哲瀚九段参加了揭牌活动，副市长熊皓、时任中国围棋协会主席王汝南、景德镇市围棋协会主席洪维平为"陈毅爱心围棋教室"揭牌，王汝南对景德镇市"围棋进课堂"工作提出了新的要求。

四、世界冠军陈耀烨九段莅临陶阳学校参观指导

2019年11月，为了庆祝陈耀烨九段荣获第一届"天府杯"世界职业围棋锦标赛冠军，并成为中国第五位世界冠军"三冠王"，景德中药围棋俱乐部在朗逸酒店举行仪式，向陈耀烨九段颁发了10万元奖金，以表彰他对推动景德镇围棋事业、提高景德中药围棋队水平所作的积极贡献。颁奖活动结束后，陈耀烨九段和景德中药围棋俱乐部主教练王昊洋六段一起莅临围棋活动开展较好的陶阳学校参观并指导小学生下

棋。陶阳学校有很多围棋水平达到业余 4 段、5 段的学生，他们在校园内看到世界冠军特别兴奋。陈耀烨九段不断夸赞学校设施一流、文化气息浓厚，并鼓励学生们为自己的梦想努力拼搏。

景德镇陶阳学校于 2019 年投入使用，占地一百多亩，投资 2 亿元，学校采用前瞻性教育理念精心打造学生的学习区域、活动区域、阅读区域、探究区域等，同时配有标准运动场、风雨操场、超大空间阅览室、现代化科技馆、天文观测台、大型汇报厅、室内大型体育馆、学生食堂和地下停车场等公共设施，是景德镇硬件设施最好、师资力量配备最强的学校之一。

五、推动校园围棋活动蓬勃发展

目前，景德镇市所有"围棋进课堂"的小学都开设了围棋兴趣小组，定期举行围棋比赛。"围棋进课堂"的幼儿园都开设了围棋兴趣班。景德镇市围棋协会每年在小学举办 4 次全市围棋升级段赛暨小棋王围棋赛，近年来，此赛事影响越来越大，参加比赛的学生人数逐年增加。

作为景德镇市"围棋进课堂"的一面旗帜，陶阳学校不仅在一年级开设了围棋校本课程，还在其他 5 个年级中成立围棋兴趣小组，每周开展围棋活动；学校设有学生对弈厅，还设有特别对局室。

六、"围棋进课堂"成效显著已渐成品牌

20 年来，"围棋进课堂"义务普及人数已达 5 万人，2003 年"围棋进课堂"第一批普及的学生，现在很多都已经从国

内外名校毕业成为社会栋梁，如厦门大学喻竞哲5段，中国科技大学翟宇同5段，上海财经大学傅文栩5段、陈子敬6段，留英硕士曹思珺、施亚楼5段等；更小一辈的还有北京大学龚诚欣4段、清华大学程楚晋5段、复旦大学刘子为5段、杨诚悦4段等。促进了景德镇市高水平少儿围棋运动员的选拔培养。20年来"围棋进课堂"累计培养出业余5段棋手80余人（其中获得国家二级运动员证书20人）、4段棋手160余人、1段以上棋手1300余人。景德镇市累计组队参加全国全省少儿围棋比赛120场次，其中获得全国少儿围棋比赛团体冠军3次，获得全国赛个人冠军3人次，获得全省少儿围棋团体冠军19次，个人冠军36人次。目前已涌现出薛溪瑨6段、陈子敬6段、李之然5段、刘乐阳5段、谭剑峰5段等青少年围棋选手。

第四节　丰富多彩的各层次群众围棋赛事

多年来，景德镇积极组队参加各类全国和省级老年、成人、幼儿围棋比赛，积极承办各类市级围棋比赛，全市围棋比赛活动呈现出百花齐放的勃勃生机。

一、积极参加全国全省围棋大赛

（一）景德镇棋院组队参加第一届"南湖红船杯"中国青少年围棋锦标赛

2017年2月2日至5日，第一届"南湖红船杯"中国青少年围棋锦标赛在浙江省嘉兴市晶晖酒店举行，景德镇棋院选派出 5 名选手参加了 3 个组别的比赛。此次比赛共设 6 个组别，最高级别 U21 组第一名授予业余 7 段，奖励 15000 元，U17 组前两名授予业余 6 段，其他各组亦设立段位、奖金奖励。

经过 3 天共 9 轮的激烈角逐，景德镇市 15 岁小将薛溪瑁 5 段取得 8 胜 1 负的优异成绩，勇夺 U17 组冠军，成功晋升 6 段并获得 10000 元奖金。薛溪瑁成为景德镇市首位业余 6 段选手。景德镇市 2007 年出生的小将刘嘉兴 5 段第一次参加全国比赛，在嘉兴福地荣获 U11 组季军，另一小将张栋宁获 U11 组第 8 名。

此次夺冠的薛溪瑁出生于 2002 年，就读于景德镇一中实验班，是一名品学兼优、全面发展的好学生。薛溪瑁 5 岁入景德镇棋院学棋，后转入杭州棋院专职学棋 4 年。2014 年曾获"百灵杯"全国少年围棋公开赛儿童 A 组第三名、2016 年获"三清山杯"全国业余围棋段位级位公开赛 5 段组冠军并获得 10000 元奖金。

（二）陈子敬福州"华庭龙玺杯"夺冠

2016 年 2 月 10 日至 13 日，猴年春节初三到初六，"华庭龙玺杯"榕超围棋公开赛在福建省福州市天福大酒店隆重举行，应邀参赛的景德镇棋院少年棋手陈子敬 5 段一路高歌猛进，连续击败全国业余围棋名手，最终九战全胜勇夺冠军。

本次比赛虽是地方围棋赛事，却吸引了全国各地的众多围棋高手参加，比赛奖励前 10 名，冠军奖金 5000 元，总奖金超过 20000 元。受举办方邀请，江西省选派了陈子敬、吴恺文和潘天行 3 名少年棋手参加比赛。经过 3 天共 9 轮激烈争夺，江西省三位少年发挥神勇，关键场次力克强手，均取得优异成绩，景德镇市陈子敬 5 段提前两轮锁定冠军，上饶少年吴恺文 5 段夺得季军，婺源籍冲段少年潘天行 5 段获得女子第一、总成绩第 19 名的良好成绩。陈子敬 5 段 1999 年出生，6 岁进入景德镇棋院学棋，曾多次获得省市比赛冠军，2018 年 3 月参加上海财经大学高水平运动队选拔测试被录取。

（三）薛溪璠勇夺全国围棋赛冠军

2016 年"三清山杯"全国业余围棋段位级位公开赛上，景德镇市 14 岁小将薛溪璠勇夺 5 段组冠军并获得 10000元奖金，景德镇市名将余志明 5 段获得季军。

此次比赛从 25 级至 6 段共分为 13 个组别，比赛采用积分编排制、进行 7 轮比赛。共吸引了近 500 名业余围棋选手参赛，其中有多名世界冠军、全国冠军，几乎囊括了国内所有业余顶尖高手。

经过为期 2 天的激烈角逐，席位座次尘埃落定，其中代表本次业余围棋比赛最高水平 6 段组冠军，最终被全国冠军、素有围棋"怪才"之称的马天放 7 段收入囊中，并夺取30000 元奖金。另一个重要组别 5 段组竞争激烈，景德镇市小将薛溪璠最终幸运胜出。在之前举行的网络预选赛中，薛溪璠险遭淘汰，凭借最后的四进三补赛才得以成功晋级。

（四）勇夺"明月山杯"团体冠军

2019 年 8 月，在宜春举行的来自全国 18 个省（自治区、直辖市）33 支队伍 302 名选手和 100 名个人棋手参加的"明月山杯"全国少儿围棋赛上，少年选手李之然、刘乐阳、朱子恒代表景德镇棋院组队参赛，他们顽强拼搏，力压全国各大城市劲旅，勇夺最高组别少年组团体冠军。刘乐阳、李之然分别获得少年组个人第二名和第三名。

（五）李之然德兴市"恒强杯"夺冠

在 2019 年 10 月 1 日至 3 日举行的德兴市"恒强杯"围棋赛上，李之然力克全省众多成人高手，七战全胜勇夺冠军并将 5000 元奖金收入囊中，刘乐阳名列第五。

二、城市围棋联谊赛

（一）举办第六届全国历史文化名城围棋赛

2013 年 9 月 8 日至 11 日，"金和汇景杯"第六届全国历史文化名城围棋赛经过 5 轮 270 盘的激烈对弈，在景德镇市朗逸酒店十楼会议厅圆满落下帷幕。时任景德镇市委常委、政法委书记曹雄泰，副市长熊皓，以及市体育局等相关部门负责人出席颁奖仪式并为获奖者颁奖。

日本超一流棋手武宫正树、世界冠军罗洗河、中国围棋界"三老"之一的华以刚莅临比赛现场，并与景德镇小棋手举行了多面打指导棋活动。

全国历史文化名城围棋赛一年一届，旨在以围棋文化为媒介，推动全国及海外文化名城的友好交流。此届比赛参赛者主要是来自北京、上海、天津、重庆等历史文化名城以及特邀的港澳台在内的 36 支代表队共 108 名围棋爱好者，分为领导干部组、文化名人组、企业家组进行比赛。

经过 5 轮 270 场的激烈角逐，决出领导干部组、文化名人组、企业家组个人前8名和团体前8名。山西晋城队获得团体冠军，呼和浩特队、河南开封队分别获得亚军和季军，景德镇队获得团体第六名。在领导干部组，北京的王慰卿、南昌的孙员、景德镇的郑勇军分别获得前三名；在文化名人组，广西桂林的白起一战胜众多高手笑傲群雄夺冠，重庆的何邹燕、呼和浩特的于再洋分别获得第二名和第三名；在企业家组，西安的李钢毅、福州的罗云、重庆的陈厚靖分获前三名。

（二）勇夺第十二届全国历史文化名城围棋赛团体亚军

2019年11月16日至19日，第十二届全国历史文化名城围棋赛在浙江省绍兴市举行，比赛由中国围棋协会、绍兴市人民政府主办。来自全国各地的32个历史文化名城组队参加了比赛。景德镇市作为国务院第一批公布的24个全国历史文化名城之一，每年都应邀参赛。

本次比赛分为文化名人组、企业家组、嘉宾组三个组别，经过3天共6轮的激烈角逐，景德镇市代表队刘丙芦5段、施卫东5段、郑勇军5段分别取得本组别第四名、第七名和第九名的优异成绩，经过总分计算最终勇夺团体亚军。这是景德镇市围棋协会、景德镇棋院组队参加该项赛事以来的历史最好成绩。东道主绍兴队获得团体冠军，获得季军的队伍是武汉队。

（三）夺得第十六届全国城市围棋联谊赛总团体冠军

2019年4月28日上午，由中国围棋协会联合乐平市人民政府主办的第十六届全国城市围棋联谊赛在"古戏台之乡"乐平拉开战幕，来自北京、上海、西安、台湾等城市和地区的 27 支代表队云集乐平，展开为期 2 天的纹枰角逐。中国围棋协会主席林建超、中国围棋协会副主席兼秘书长王谊、著名国手刘小光九段，时任景德镇市委常委、政法委书记曹雄泰，时任景德镇市人大常委会副主任、乐平市委书记俞小平等出席开幕式。由俞小平宣布开赛，李群芳主持开幕式。

中国城市围棋联谊赛是一项拥有广泛影响力的非专业性围棋交流赛事，已经成功在多个城市举办。本次落户乐平，也吸引了 27 个市县的 140 余名棋道高手前来参赛。比赛分为领导干部组、文化名人组、企业家组、特邀组，各组采用个人积分编排赛决出名次，各队按各组个人成绩相加计算团体成绩。经过 2 天的激烈鏖战，由刘丙芦、饶文彬、郑勇军组成的景德镇队分获企业家组、文化名人组、领导干部组第一名、第三名、第四名，勇夺总团体冠军。

三、开展国际城市围棋交流

2012 年 5 月，日本业余围棋代表团一行访问景德镇，与景德镇围棋爱好者举行交流比赛。比赛共 10 台，日本队前三台均为业余 6 段，比赛用时为每方 45 分钟包干，比赛地点设在市围棋协会。景德镇代表队根据日本业余围棋代表团成员职业情况，分别派出企业家、学者、文化名人以及业余围棋高手应战，最后景德镇队以 7∶3 获胜。

四、举办全市职工围棋赛

2017 年 10 月，为推动全市职工围棋活动的开展，在时任景德镇市人大常委会副主任、市总工会主席戴洪安的大力支持下，成立景德镇市职工文化体育协会围棋专业委员会，由施卫东任会长，郑勇军任副会长。围棋专业委员会隶属于景德镇市职工文化体育协会，负责全市职工围棋活动开展，于每年春节期间定期举办"迎新春"职工围棋比赛。

2019 年 8 月 2 日至 4 日，景德镇市职工围棋比赛暨江西省第四届职工运动会选拔赛在市工人文化宫职工活动厅、职工棋社举行，共有来自全市 24 个单位的 34 名选手参加了比赛。本次比赛由市总工会主办，市工人文化宫、市职工文化体育协会承办，景德镇市围棋协会协办。

经过 2 天共 7 轮的激烈角逐，江西棋王余志明 5 段以全胜战绩夺冠，饶文彬、鄢新平、邱战飞、郑勇军、涂春荣分获 2 至 6 名。前三名选手同时获得代表景德镇市参加江西省第四届职工运动会的资格。

根据竞赛规程，参加本次比赛的运动员年龄为 18—60 周岁，须是各单位职工或者与单位签订用工劳动合同的员工。

2020—2022 年，虽受疫情影响，但景德镇市职工围棋赛每年都择时举行。

五、全省少儿围棋赛

（一）全省少儿围棋升段赛

根据围棋升段规则，设区市围棋比赛最高可授业余 3 段，晋升业余 4 段、5 段必须参加全省升段比赛。全省围棋升段赛由江西省围棋协会主办，一般为每年 2 到 3 次。景德镇积极组队参加比赛并且在比赛中取得较好的成绩，2013 年以来，累计升 4 段、5 段人数达到近 200 人次。

（二）全省"育苗杯"少儿围棋锦标赛

江西省"育苗杯"少儿围棋赛是全省规格最高的少儿围棋 A 类赛事，定于每年暑假举行，吸引全省各地最高水平的少儿围棋选手参加。比赛由江西省体育竞赛管理中心主办，江西省围棋育苗工程理事会、江西省围棋协会承办。分年龄、性别组进行比赛。景德镇市组队参加了每一届的"育苗杯"比赛。

第十一届江西省"育苗杯"少儿围棋锦标赛景德镇棋院代表队获得两金一银。

2015 年 7 月 5 日至 6 日，第十一届江西省"育苗杯"少儿围棋锦标赛在南昌市中小学生活动中心举行。本次比赛共分男女 10 个组别。来自全省各地的 360 余名小棋手参加角逐，参赛选手年龄最大的 15 岁，最小的只有 4 岁。经过 2 天共 9 轮的激烈争夺，景德镇棋院代表队再次取得两金一银、另有 4 人获得奖牌的优异成绩。其中刚刚斩获全市小棋王赛冠军的李之然 5 段继去年夺冠之后蝉联全省"育苗杯"男子 2004 年组冠军，进一步巩固了在这一组别的全省霸主地位。同样来自市少年围棋集训队的文奕飞 5 段以全胜战绩荣获男子 2005 年组冠军，这是他两个月内夺得的第二个全省冠军。市少年队另一员小将石豪钦勇夺男子 2006 年组亚军；同为一年级的小学生杨康裕、李安悦分别荣获男女 2007 年组第六名。

六、积极组织各类市级少儿围棋赛

（一）小棋王争霸赛暨全市少儿围棋升级、段赛

从 2003 年始，景德镇市每年定期举办全市小棋王争霸赛暨少儿围棋升级、段赛，景德镇市包含浮梁县、乐平市少儿棋手通过赛事考核围棋级、段位，并在大赛中得到历练、提高，而最高组别——小棋王组则是瓷都顶尖少儿棋手的较量平台，每年均有围棋新星在大赛中崭露头角，发展成为一代少儿名将。

（二）举办小学围棋赛事

2019 年 6 月 3 日下午和 4 日下午，第一小学联合景德镇棋院在学校操场举办了一场别开生面的庆"六一"校园围棋锦标赛。

本次比赛共有 382 名围棋小选手参加，分为 4 组，共进行 5 轮比赛。比赛中，小棋手们时而低头沉思，时而双眉紧锁，纹枰战场弥漫着滚滚"硝烟"。比赛间隙，参赛选手们在偌大的学校操场欢声笑语。围棋给孩子们带来快乐，比赛成为孩子们的嘉年华。

经过 2 天 5 轮的激烈角逐，共有 64 名选手获得本次大赛优胜奖。其中六（4）班的余裕骐 5 段、六（9）班的高启航 4 段、六（7）班的徐铨鸿 5 段分别获得最高组别五六年级组个人前三名，三（3）班的俞理烨 3 段荣获三四年级组冠军，获得二年级组和一年级组冠军的分别是二（6）班的陈子涵和一（9）班的龚睿泽小朋友。在团体成绩方面，拥有多名高段位小棋手的六（7）班等 7 个班级荣获五六年级组

团体一等奖，三（7）班等 6 个班级获得三四年级组团体一等奖，二（6）班等 4 个班级获得二年级组团体一等奖，一（5）班等 4 个班级获得一年级组团体一等奖。

2021 年 5—6 月，为助力市重点学校争创全国围棋特色学校，市陶阳学校、第七小学、昌江区实验学校先后举办了学校围棋队选拔赛暨一年级围棋团体赛。

陶阳学校一年级围棋团体赛每班由围棋老师选拔 9 人组队，设主将 3 人、副将 6 人，比赛共 4 轮，主将采用积分循环，19 路棋盘正式比赛，副将采用 13 路棋盘进行吃子比赛，在规定时间内吃子多者胜，以团队成绩计算班级总得分，团体设一、二、三等奖，另设置个人全胜奖。

比赛中，小棋手们一个个镇静沉稳、深思熟虑，全神贯注、沉着应战，看似云淡风轻，实则步步为营，展现出围棋的独特魅力。经过激烈的角逐，最终一（4）班等 3 个班级荣获团体一等奖。获得 2021 年陶阳学校校队选拔赛个人前 8 名的分别是翁胤轩 5 段、魏溥成 4 段、苏怀墨 3 段、徐天琦 5 段、陈子涵 5 段、宋佳霖 4 段、邓博仁 3 段、胡泽翰 3 段，这 8 位同学将组成陶阳学校围棋队并参加训练和比赛。赛后，学校领导为优胜班级和个人颁奖。

（三）景德镇市幼儿围棋联赛

景德镇市幼儿围棋联赛由景德镇市教育局主办，景德镇棋院承办，为传统赛事，迄今已经举办至第十三届，由全市大、中型幼儿园选拔园内优秀幼儿棋手组队参赛，为幼儿园团体荣誉而战。参赛的孩子年龄均为 4—6 岁。除围棋竞技以外，大赛还设置了棋道表演、围棋知识竞赛等环节，让孩子们对围棋的历史、文化、礼仪有更深刻的理解。

（四）幼儿围棋精英赛

景德镇棋院每年除了举办传统幼儿围棋赛事外，还举办全市幼儿围棋精英赛。

2016年8月8日，景德镇市幼儿围棋精英赛在半岛国际酒店举行，共有来自全市各大幼儿园的36名小选手参加了比赛。本次比赛由市围棋协会主办，景德镇棋院承办，珠山区教体局提供了大力支持。

2016年，景德镇市被评为"全国围棋之乡"，当时系获此殊荣的江西省唯一设区市。为更好地促进素质教育、选拔围棋苗子，创全国围棋特色学校，市围棋协会与珠山区教体局签订战略合作协议，从今年起举办全市幼儿围棋精英赛，获得前6名的小朋友将同时获得在珠山区属小学跨地区推荐入学资格。

经过7轮140盘的激烈角逐，来自文化宫幼儿园的徐颢轩小朋友7战全胜获得冠军，天天乐幼儿园的袁崇浩和妇联幼儿园的万博文小朋友分获亚军和季军。获得4—6名的小朋友分别是：高童博、黄梓萌、王以臻。

第五节　高校围棋活动如火如荼

为深入贯彻传统文化进校园的理念，丰富学生的课外文化生活，景德镇市围棋协会在普及围棋进中小学校园活动的基础上，积极同地方高校——景德镇学院通力合作。景德镇学院作为一所地方本科院校，拥有世界陶瓷领域唯一的联合国教科文组织"陶瓷文化保护与创新"教席国际学术平台，拥有教育部首批"中华优秀传统文化——陶瓷文化传承基地"等国内平台，承载着浓厚的传统文化底蕴，而且景德镇学院一直立足教师教育，是景德镇市中小学教师的摇篮，市围棋协会秘书长、景德镇棋院院长施卫东先生毕业于此校，因此，将围棋以文化的形态引入母校亦是水到渠成。围棋文化与景德镇学院校园文化的融合，可谓相得益彰。

施卫东大学时期正值"聂旋风""围棋热"席卷全国，热爱围棋的他组建了校围棋协会，开展了一系列围棋活动，围棋与景德镇学院结缘已久，但在他毕业后，围棋在景德镇学院逐渐淡出。进入21世纪，景德镇围棋协会副主席，景德镇学院副教授、心理咨询中心主任郑勇军为推动景德镇学院围棋活动蓬勃发展作出了重要贡献。

一、承办全国围甲联赛

2014年10月28日，2014"金立智能手机杯"围甲第17轮，广西华蓝对阵山东景芝酒业景德镇市城开投专场在景德镇学院举行。这支来自广西的围甲队伍已经连续8年将比赛专场设置在世界瓷都景德镇，这标志着中国围棋界经过15年的努力，作为职业体育的围甲联赛运作得越来越成熟，完全得到了市场的认可。

本次围甲专场比赛，赛场设在大学校园，数百名大学生观看现场大盘讲解，邀请中国棋院原院长、职业棋手华以刚八段举办了《论生命在于脑运动》学术报告会，世界冠军和大学生们在操场上摆下车轮战"厮杀"。职业体育赢得了市场，群众体育找到了亮点。

二、率先将围棋列为选修课

2018年9月，景德镇学院新学期第一节"围棋与中国文化"选修课开讲，景德镇市围棋协会主席洪维平为大学生们介绍了围棋的起源、围棋的奥妙和围棋中的哲学。围棋选修课自开课以来受到学生们的热烈欢迎，课堂场面火爆，教室走廊四处都站满了听课的学生，致使校方不得不临时更换更大的教室上课。

景德镇是江西省设区市中第一个"全国围棋之乡"，近年来举办了众多全国性围棋赛事活动。为了更好地营造全市围棋氛围，景德镇学院积极开展大学生围棋活动，承办全国围棋甲级联赛景德镇学院专场比赛和全国"育苗杯"少儿围棋锦标赛。景德镇学院是江西省首家开设围棋选修课的高校。

三、成功举办全国围棋赛

2018年8月17日至20日，景德镇学院成功举办第21届"古镇混凝土·育苗杯"全国围棋赛。本次比赛由中国围棋协会主办；承办单位是江西省围棋协会、景德镇市体育局和景德镇学院。

全国"育苗杯"是国内著名少儿围棋名牌赛事，本次比赛共有来自广东、湖北、黑龙江等21个省（市、自治区）72个城市的780名小朋友参赛，比赛分为8个组别，分别是少年组，少儿ABCD四个组，幼儿ABC三个组。年龄最大的是少年组的欧阳希昶，今年17岁，刚刚在本月广西南宁举行的中国围棋大会上升为业余6段，年龄最小的是幼儿C组的孙晗笑，2014年5月出生，刚满4岁3个月，无段位。值得一提的是，她哥哥也来了，哥哥叫孙感之，今年 7 岁，4 段。另外，本次比赛还有多对双胞胎小棋手同场竞技。景德镇市代表队派出了由 300 余名小棋手组成的强大阵容参加了全部 8 个组别的比赛。

经过 3 天 10 轮共计 3000 多盘的激烈角逐，景德镇市小棋手表现优异，共有 26 名小棋手登台领奖，其中少年组王璐怡获得女子亚军，刘嘉兴、陈子涵分别获得少儿 A 组、幼儿 A 组女子季军。景德镇棋院代表队最终勇夺总团体冠军和最高组别少年组团体冠军。

本次比赛竞赛规程规定，少年组参赛 5 段人数达到 80 人，前两名授予 6 段（可顺延到前 16 名）；参赛 5 段人数达到 40 人，冠军授予 6 段（可顺延至前 8 名）；少儿 A、B 组参赛者分别达到 50 人（其中 4 段不少于 30 人），前三名可升 5 段；少儿 C 组、D 组参赛者分别达到 50 人（其中 4 段不少于 20 人），冠军可升 5 段。根据本规定，本次比赛最高组别少年组冠军叶之泉可以申报业余 6 段。

四、荣获首批全国围棋师资培训试点单位

2020 年 7 月 8 日，景德镇学院等 43 家单位被国家体育总局委托授权和中国围棋协会批准为首批全国围棋师资培训试点单位，江西仅有 2 家高校获此殊荣。

2021 年 12 月 14 日下午，景德镇学院"首批全国围棋师资培训试点单位"授牌暨"景德镇围棋文化研究中心"成立仪式在一号报告厅举行。中国围棋协会原主席王汝南，景德镇市人大常委会主任曹雄泰，景德镇学院党委书记李良智，党委副书记、校长陈雨前出席仪式并揭牌，校党委副书

记王丽心主持仪式。

李良智指出，围棋是中华优秀传统文化的经典内容和代表性项目，围棋的真正价值在于不断弘扬传承传统文化，增强当代人对传统民族文化的自信，学会用博弈的态度和方法看待不断发展的世界，围棋文化与景德镇学院校园文化的融合是相得益彰的，景德镇学院要以此次授牌为契机，积极开展大学生围棋文化传播活动，丰富大学生的课内外文化生活，推动中华优秀传统文化进校园；要坚持立德树人根本任务，发挥围棋育人作用，传承发扬围棋文化，激发广大学生对中华优秀传统文化的历史自豪感；要不断加强围棋文化建设，营造良好氛围，让更多大学生加入围棋文化宣传队伍，做围棋文化的传播者，为景德镇市围棋文化普及和推广贡献青春力量。

王汝南对景德镇学院重视围棋教育、发展围棋文化表示赞同。他指出，景德镇学院被授予"全国首批围棋师资培训试点单位"，体现了国家对学校培养围棋师资人才的认可，要充分利用好资源平台，有序开展围棋师资培训工作，举办形式多样的围棋活动，肩负起传承围棋文化、弘扬中华优秀传统文化的重任，推动围棋文化的发展。

王丽心表示，学校将以此次授牌仪式为契机，加快"围棋进校园"工作步伐，用好资源平台，凝聚发展动力，建设高素质围棋师资队伍，传承发扬围棋优秀传统文化，助推景德镇市围棋文化研究与推广再上新台阶，助推学校各项事业蓬勃发展。

景德镇市人大常委会秘书长雷铧，景德镇市体育局局长李冬香、副局长孙俊，景德镇市围棋协会主席洪维平、秘书长施卫东，校党委委员、宣传统战部部长方文龙，党政办、人事处、教务处、学工处、团委等相关部门负责人，各二级学院党总支书记、团委书记、学生代表共计 80 余人参加活动。

五、成立校围棋协会，积极开展校园围棋活动

2018 年，在围棋甲级联赛、全国"育苗杯"围棋赛进校园活动的推动下，同时为了配合开设围棋选修课的准备工作，景德镇学院开展了校围棋协会的组建工作。在校领导的大力支持下，经过半年时间的筹备，景德镇学院围棋协会于 2018 年正式成立，郑勇军兼任校围棋协会会长。

校围棋协会成立以后，迅速落实围棋活动场所，积极开展学生围棋活动。真正做到每日有学生下棋、每周有围棋讲座、每月有学生围棋比赛活动、每学期有围棋活动的计划和总结。经过 4 年的运行，校围棋协会推动围棋项目成为最受大学生喜爱的课余活动之一，很多学院领导、教授、老师也经常下围棋，景德镇学院围棋爱好者达到 1000 余人，学院围棋活动呈现出蓬勃发展的良好态势。很多大学生学习围棋以后，学科成绩也大大提高。

第九章　围棋人物

第一节　瓷都骄子陈耀烨九段

陈耀烨，中国围棋职业选手。1989 年 12 月 16 日出生，原籍景德镇，2000 年入段，2007 年九段。2006 年进入第十届 LG 杯决赛，成为围棋史上入围世界大赛决赛的最年轻棋手。

2009—2016 年，中国围棋天元赛八连冠。2013 年又夺得中国围棋名人战冠军，成为中国第四位"天元名人"。2013 年 6 月 20 日夺得第九届"春兰杯"世界职业围棋锦标赛冠军，成为中国第 12 位围棋世界冠军。2016 年 12 月 16 日夺得第三届"百灵杯"世界围棋公开赛冠军。2018 年 12 月 26 日夺得第一届"天府杯"世界职业围棋锦标赛冠军，成为中国第 5 位世界冠军三冠王。

陈耀烨九段的父亲陈名智先生是土生土长的景德镇人，大学毕业后被分配到北京空军总医院担任骨科医师，所以陈耀烨是围棋界名副其实的瓷都骄子。陈名智先生在景德镇有很多亲戚、朋友、同学，他每年都要回家探亲访友。2014 年，陈耀烨九段受景德镇围棋协会邀请，回到家乡参加"恒润广场杯"第三届"瓷都论道·巅峰对决"争霸赛，对手是有"毒蛇"之称的韩国崔哲瀚九段。

自 2017 年开始，陈耀烨九段受景德中药围棋俱乐部邀请，担任景德中药队主教练，率领这支新军参加了中国城市围棋联赛，一举夺得了 2017 赛季的亚军，在城围联引起极大轰动。2018、2019 赛季，陈耀烨九段分别以总教练、教练兼队员的身份继续带领景德中药征战城围联。

2019 年 11 月 19 日，为了庆祝陈耀烨九段夺得第一届"天府杯"世界职业围棋锦标赛冠军并成为中国第 5 位世界冠军三冠王，景德中药围棋俱乐部在朗逸酒店举行仪式，向陈耀烨九段颁发了 10 万元奖金，表彰他为推动景德镇的围棋事业，提高景德中药围棋队的水平所作的积极贡献。颁奖活动结束后，陈耀烨九段来到围棋活动开展较好的陶阳学校参观并指导小学生下棋。

第二节　景德中药队主教练王昊洋七段

王昊洋，男，1988 年 12 月 24 日出生，2001 年入段，围棋职业七段。第十九届名人战四强，2005 年 CCTV 电视快棋赛八强，第二十届名人战本赛，2011 年 12 月 21 日第三届"钻石杯"中国围棋龙星战三番棋决赛亚军。

2017 年 6 月 21 日，在北京第三届"梦百合杯"世界围棋公开赛 32 强赛中，王昊洋七段击败了日本围棋程序 Deep-ZenGo，让柯洁惊呼"你是人类的希望"。

次日，《信息时报》这样报道：昨天，第三届"梦百合杯"世界围棋公开赛 32 强赛在中国棋院战罢，虽然柯洁的 10 连胜是了不起的成绩，但昨天的赛场更引人关注的还是王昊洋与 DeepZenGo 的较量，毕竟日本 AI 不仅喊出了夺冠的宣言，而且在 64 强赛中轻取李世石内弟子、韩国希望之星申旻埈。不过遇到此前默默无闻的王昊洋，"地震狗"却威风不再，甚至在官子阶段出现了一系列莫名其妙的走法，连开发者加藤英树都自我调侃道："今天带了一条疯狗。"最终，王昊洋执白半目取胜，这极有可能是人工智能在世界大赛上的谢幕演出。

在此之前，王昊洋刚刚成为景德中药围棋俱乐部的签约棋手，并将作为景德中药队的教练兼队员代表该队参加城市围棋联赛 2017 赛季的全部比赛。

2017 赛季，王昊洋七段和陈耀烨九段联袂将景德中药队带进总决赛，总决赛最后关头，在胜利在望之时因为一个换人失误与即将到手的总冠军失之交臂。景德中药队作为城围联新军首战夺得亚军虽然超额完成赛前目标，但是最后的失误却常使王昊洋七段引以为憾。景德中药围棋俱乐部董事长徐葱茏先生对两位教练的评价是："我们第一次参加城围联就取得了亚军，队伍非常团结，整体配合较好。陈耀烨九段更是队中的定海神针，只要他在，所有人都心中有数。王昊洋七段亲和力很好，关心所有年轻棋手的成长和生活。去年一年，很多棋手包括我这个旁观者都棋力见涨，其中有 5 位棋手升段了。"

2018 赛季，景德中药队经过调整，任命王昊洋七段担任主教练，将陈耀烨九段变更为队伍主帅兼教练。2019 至 2021 赛季，王昊洋七段担任主教练兼队员。

王昊洋七段同时受聘为景德镇棋院名誉总教练，2018 年暑假期间，为了指导景德镇参加省运会围棋比赛的运动员备战，王昊洋七段常住景德镇半个月，执教景德镇棋院暑期围棋夏令营，亲自为景德镇高水平围棋少年讲课和指导。

第三节　胡煜清 8 段与瓷都围棋的不解情缘

　　胡煜清，围棋业余 8 段，上海人，1981 年出生，上海财经大学硕士研究生毕业。胡煜清 7 岁开始学围棋，颇有围棋天赋，连续参加业余围棋大赛并夺得冠军。2005 年和 2009 年代表中国获得世界业余围棋锦标赛冠军。曾 29 次获得全国业余冠军。胡煜清 8 段长时间排位全国业余围棋等级分第一，同时也是业余围棋界的领袖人物。胡煜清 8 段和好友刘侁一 7 段在上海联合创办清一围棋道场，主要从事青少年围棋培训。胡煜清很有文学才华，业余时间喜欢阅读和写作，每个月都要为《围棋天地》杂志写棋评和专栏稿件。

　　胡煜清 8 段特别青睐江西围棋，每年都要来江西比赛 5—6 次，像"伟梦杯"江西业余围棋联赛、"丰城杯"都是逢赛必到。在江西围棋中，胡煜清 8 段又和景德镇围棋特别有缘，2014 年受邀来景德镇参加"景东陶瓷杯"全国业余围棋赛。"伟梦杯"江西业余围棋联赛赛制改革，规定各队可以聘请外援后，胡煜清 8 段几乎成了景德镇队的结对铁杆外援，每年都要来景德镇参加比赛。胡煜清曾经多次作为外援代表景德镇队参加江西业余围棋联赛，其中 2012 年代表景德镇队夺取了联赛冠军，2016 年获得亚军。他即使偶尔遇到档期冲突，也会推荐他旗下的清一围棋研究会其他顶尖业余高手担任景德镇队外援。

　　胡煜清 8 段和夫人王香如女子职业初段是中国著名的围

棋优俪。作为围棋美女主持人，王香如初段和景德镇围棋似乎有着同样的不解情缘，经常来景德镇参加围棋讲解和指导活动。

第四节　人生如棋　胜负手常有

"胜负手"，在围棋中指关键时刻下出的非常手段，一般意味着强烈的争胜负意识。反思我的亲耳经历，在很多关键时刻就和下棋时一样放出"胜负手"。

不像陈耀烨这代人4岁学棋，"70后"围棋爱好者大多受聂卫平九段在中日围棋擂台赛刮起的"聂旋风"影响，开始摸索着下棋。我们这代人当时既没有老师教，也无法从电视上学，只能买棋书和围棋杂志自学。

我在一中读初中时开始学围棋，听班上另一位喜欢下棋的同学程迅说，有一位老师围棋水平很是了得。我心想一定是喜欢严格推理的数理化老师吧？没想到高一"围棋高手"——年近七旬的金老师是教英语的。金老师不仅风趣幽默，上课还会旁征博引围棋术语：考试碰上了不会的题目，要学会"弃子"，跳过去做下一题……我们班里有不少会下棋的同学且水平不错，程迅是典型的"本格棋"，讲求棋理规规矩矩不容易输棋；邓力棋力稍弱点，但聪明机智，常有奇思，偶尔也杀高手一个措手不及；我则喜欢大砍大杀，下棋无拘无束，时常超水平发挥。

1988年景德镇市少年围棋比赛，所在班三个人报名，邓力同学得了第四名，程迅获亚军，我获冠军。1989年高考后，我们同去江西师大参加"高考体育加分复试"，当时除了做题就是和老师实战。我用武宫正树的宇宙流三连星开局，下到一半局面大优，老师说："嗯，我们就下到这里吧！"当时正在对弈的邓力还大声地用景德镇话问："赢得啵？赢得啵？"当时少不更事的我回应他："没有输，没有输！"现在回想起来"呵呵"两声最好。我们三个顺利通过复试高考成绩加 20 分，程迅因此考上了浙江大学，邓力也考上了西安冶金建筑学院。我因为考分低一点，加分和不加结果一样，只上了一个学制三年的"地专"。

寒假结束，我经常去火车站送同学，看着他们坐火车去遥远的地方求学很是羡慕，当时就想为什么我不能离开家门出去求学呢？况且我还拿过冠军。经过一番思想斗争，我放出了自己人生的第一个"胜负手"——从大学退学重新参加高考。当时这个决定几乎所有人都反对，我就想下棋时胜负手也不是所有人都看得出来的啊……有一棋友为劝阻我而来挑战，说输给他就别折腾了，我接受并挑落他于马下。不过当时想，就算是输给他我也不会改变决定。

经过 4 个多月的复习，我幸运地被江西医学院录取，毕业后被分配到一家省级医院工作。当时医院里没有好对手，下棋只能到南昌工人文化宫去，后来还能上"新浪围棋"下棋，感觉世界真大、高手真多啊……随着网棋的对弈，也经历了更多的失败和挫折。最近一次登录新浪围棋，发现自己对局 1 万多盘，输赢各 5000 多盘。

我在 7 年医生生涯里工作按部就班，生活清贫，30 岁时总资产只有 3 万元……看着身边从商的朋友、在广东当医生的同学很是羡慕，就问自己：我能不能也多一点财富和自由呢？我下棋还可以说明智商不太低吧？我又经常输，说明还经得起失败吧？经过一番思考，放出自己人生第二次"胜负手"——辞职下海。在经商过程中，我得到过很多贵人的帮助，一位大学同学的父亲就很支持我，在我资金周转出现困难时，他放出他的"胜负手"——抵押了他们家的房子，借钱给我做流动资金。之后公司稳步发展，离不开他老人家的信任和支持。

经过在广州十年中药销售和积累，2012 年我们准备收购一家中药饮片厂，当时主流意见是在广东省。原因是沿海地区人才济济、办事程序简单，例如，在广州办手续时经常是该单位在柜台内就免费帮你复印好，而其他省份一般要到机构旁边复印店去排队。经过大量调查和分析，我认为江西是道教发源地，也是中药炮制的发源地，有悠久的历史和文化，广东虽经济发达，但是岭南历史上是"蛮夷之地"，中药制作加工的文化和技术远不如江西。当时我力排众议，放出自己干实业的"胜负手"——回到文化底蕴深厚的江西，扎扎实实地干。在江西 7 年，我们有幸结识了 79 岁的樟帮老药工黄学炎，也研究了 200 多项独特炮制技术，获得了 20 多项专利；我们有了世界上唯一可以直接食用和泡水喝的薏苡仁——法薏苡仁；我们有了和江西中医药大学联合申报"国家科技进步奖"的专利产品；我们又赶上了江西打造中医药强省的好政策，得到了各级政府的大力支持。

景德中药由 2011 年我们接手时的纳税十几万元到 2018 年的 1100 多万元，成为全省 70 多家饮片厂纳税第一，2019 被纳入省工信厅"映山红"计划重点扶持上市企业……不由得感叹当时的选择很正确。

2017 年，景德中药响应市围棋协会的号召，成立了景德中药围棋俱乐部，聘请景德镇籍世界冠军陈耀烨九段为教练，代表"全国围棋之乡"景德镇首次参加城市围棋联赛，在 30 个城市 32 支队伍中脱颖而出获得了亚军。近距离观看高手们搏杀，更知道了自己的水平以及和高手们的差距，但作为景德中药围棋俱乐部董事长，我很骄傲。作为棋手，1988 年的景德镇少年冠军是自己围棋生涯的最亮点，虽然没几个人记得……

支持景德镇、回报家乡是我们土生土长的景德镇"崽俚"的情怀，也是我们的义务。俗话说："人生能有几回搏？"换成围棋语言就是：在棋局的关键时刻，要敢于放出"胜负手"！人生道路上的关键点，就是在不断出现挑战时在胜负处的决断。祝愿我们人生的"胜负手"有基础、有智慧，哪怕有点风险也可控，顺利到达成功的彼岸！

（本节作者：景德镇围棋协会副主席、
景德中药股份有限公司董事长徐葱茏）

第五节　纹枰论道　快意人生

刘丙芦，景德镇资深围棋爱好者，业余 5 段，1964 年出生，现任景德镇围棋协会副主席、景德镇学院特聘教授。

1984 年，一个非常偶然的机会，刘丙芦与围棋结缘。当时不到 20 岁的刘丙芦路过广场体委附近时，正好赶上围棋比赛，参赛者都是当时景德镇围棋界的名将：余高盛、孙民安、肖杰等。比赛结束后，刘丙芦邀请当时全市冠军余高盛指导一局，万万没想到受 5 子就被杀得溃不成军。经此一役，刘丙芦开始利用晚上休息时间到邻居段万雍家中看棋，自己揣摩棋艺，偶尔也和樊应保对弈一局。不知不觉中，刘丙芦棋力渐长。一年后，恰逢景德镇市围棋协会举行"迎春杯"围棋比赛，刘丙芦第一次正式参加围棋比赛就一鸣惊人，与李云龙、詹运景并列第一，经加赛快棋获季军。

紧接着，景德镇举办围棋名手邀请赛，参赛要求是历届全市比赛前6名获得者，这次比赛刘丙芦勇夺亚军。20世纪80年代末，景德镇组队参加省运会围棋比赛，在全市高手中举行选拔赛，刘丙芦沉着应战再夺冠军。在省运会围棋比赛中，刘丙芦恰逢上海专业棋手卢新民，感觉自己与专业棋手的差距在短时间内难以跨越，甚至有段时间淡出了围棋比赛。

他虽然笑称自己"没有经过专业系统的围棋训练""在同时代棋手中下棋最少"，但是凭借对围棋棋理的独特理解和良好的大局观、方向感以及对局面的掌控能力，刘丙芦对景德镇各年龄段顶尖棋手的战绩可以说非常亮眼，其中20世纪90年代对初出茅庐的江西棋王余志明战绩是惊人的6：6；对曾经的全市冠军邹亮平难得一败，与市老冠军向正寿下棋要授先。

2002年，刘丙芦组队代表景德镇市质量监督局参加全省质监系统围棋比赛获得团体第三名，队员中余志明获个人第三名，刘丙芦名次靠前，另一名队员是吉安外援陈子龙（现为业余6段）。

2017年刘丙芦参加江西省领导干部联谊赛，获得名人组冠军。

2017年刘丙芦和郑勇军参加在鹰潭举行的江西省双人赛夺得冠军。

2018年，刘丙芦与景德镇围棋少年翘楚薛溪瑨6段、陈子敬 5 段组队参加城围联 2018 赛季百团大战比赛，勇夺团体亚军。

2019 年，刘丙芦和郑勇军、饶文彬组队代表景德镇市参加在乐平举行的第十六届全国城市围棋联谊赛，获得总团体冠军，刘丙芦勇夺企业家组冠军。

2019 年，景德中药队在景德镇比赛间隙，刘丙芦接受了职业国手的指导，其中受 4 子战胜景德中药队主教练王昊洋职业六段，局后，王昊洋职业六段评价刘丙芦的棋"靠谱"。之后受 3 子战胜张家豪职业三段，张家豪称赞刘丙芦行棋"对大小的判断太清楚了，整盘我没有一点机会"。

有一次，跟随景德中药队参加南宁比赛途中，刘丙芦向王昊洋六段请教，问自己棋力如果加强训练能否提高两先，王昊洋幽默地回答道："那绝不可能，充其量只能提高一先，提高两先你都可以和余（志明）老师下了。"

自 2007 年开始，刘丙芦积极支持景德镇市老年围棋协会发展，亲自指导老年围棋协会会员学棋、个人出资组织老年围棋比赛活动，为全市老年围棋活动开展作出了贡献。

景德镇市老年围棋协会是景德镇市围棋协会指导下的群众组织，会员为男 60 岁、女 55 岁以上的老年围棋爱好者，老年围棋协会自成立以来，积极开展形式多样丰富多彩的围棋比赛活动。

2007—2018 年，景德镇市老年围棋协会共承办全国、全省老年围棋比赛 6 次，每年组队至少参加一次全国老年围棋比赛。

第六节　瓷都围棋的耕耘者施卫东

施卫东，业余 5 段，1971 年出生，现任景德镇围棋协会常务副主席、秘书长，景德镇棋院院长，景德镇学院特聘教授。施卫东酷爱围棋，是景德镇最早的 5 段之一，行棋讲求棋理，尊崇美学大竹，是书房棋的典型代表，多次在各类比赛中获奖。

20 世纪 80 年代末，施卫东在大学期间受到中日围棋擂台赛的影响，开始在学校推广围棋活动并担任围棋社团主席。在他的推动下，景德镇教育学院（现为景德镇学院）的学生围棋活动得到蓬勃发展。参加工作以后，施卫东虽然有很好的事业发展机遇，可他始终心系围棋。1997 年，在施卫东的积极奔走下，市围棋协会重新成立，他担任秘书长，于 2002 年创办了景德镇棋院，2013 年参与创办《瓷都围棋》杂志，2014 年参与创建景德镇围棋文化交流中心，2017 年参与组建景德中药围棋队并担任领队。在他的积极参与和全力促进下，景德镇市围棋活动受到各级领导的高度重视，于 2016 年被中国围棋协会授予"全国围棋之乡"称号。施卫东为推动景德镇围棋进入发展快车道作出了重要贡献，是景德镇围棋事业辛勤的耕耘者。

在施卫东的大力推动下，2003 年景德镇市"围棋进课堂"工作在全省率先起步，20 年后的今天第一批接受"围棋进课堂"教育的学生已经大学毕业，景德镇市"围棋进课堂"、体教结合取得的成绩也在全国有一定知名度，多次受到中国围棋协会原主席王汝南等领导的表扬和肯定。

"围棋进课堂"开展以来，义务普及人数已达 10 万余人。"围棋进课堂"不但促进了学生学习成绩的提高，同时促进了景德镇市高水平少儿围棋运动员的选拔培养，20 年来累计培养业余 5 段棋手 100 余人、1 段以上棋手 1000 余人。目前已涌现出薛溪瑨 6 段等一批有希望冲击职业段位的高水平少儿围棋选手。

景德镇围棋要发展，要走向世界，却缺乏一支高水平的运动队，这一直是景德镇围棋人心中的痛。2016 年景德镇市被授予"全国围棋之乡"称号之后，施卫东开始四处奔走，在他的不懈努力下，终于在 2017 年组建了景德中药围棋俱乐部，并于当年参加了 2017 赛季的城围联比赛。

景德中药队由江西景德中药股份有限公司独家冠名。施卫东担任领队。主教练陈耀烨九段是景德镇籍中国围棋职业选手、世界冠军；副帅王昊洋六段担任教练兼队员，队员有：马逸超五段、张家豪四段、王祥云三段、胡傲华三段、许瀚文二段、李鑫怡初段等职业高手和薛溪瑨 6 段、余志明 5 段 2 名本市业余豪强。

施卫东深知瓷都围棋自己的队伍来之不易，组建之初他就下定决心将这支队伍打造成一支来自瓷都的劲旅。功夫不负有心人，景德中药队果然不负众望，2017 赛季全队上下一心、团结拼搏，城围联第一个赛季就在高手如云、强队如雨的比赛中直闯决赛，给世界围棋和瓷都棋迷带来一个巨大的惊喜。

第七节　往事并不如烟
忆薪火相传的瓷都

　　景德镇，这座拥有千年瓷文化的中国四大古镇，在其他艺术领域同样绽放着绚丽光彩。进入 21 世纪，在"琴、棋、书、画"四艺中的围棋艺术方面又有了长足进步。国际、国内顶级赛事在瓷都举办，聂卫平棋圣、王汝南主席、武宫正树九段等一批大咖在此驻足，景德镇市围棋队组队参加中国城市围棋联赛勇夺亚军。2016 年更是被中国围棋协会评为"全国围棋之乡"。

　　作为 30 多年前从"瓷都"围棋界走出来的"瓷娃娃"，我为此深感欣慰和自豪，同时不禁想起我如烟般的少年时代在家乡学弈往事。

　　我学棋是在 1975 年夏日，那年我只有 8 岁。小时候印象最深刻的便是父亲（余高盛）晚上与那些叔叔、伯伯在八仙桌上摊上一块蓝色塑料棋盘，你一着、我一着地在上面摆上很多黑色和白色的玻璃子，玻璃子上反射着日光灯的光管，甚是好看。当时的我也不知道他们在干什么，只是看着他们一会儿高兴地哼着小曲，一会儿又念念有词，一会儿又抓起一把玻璃子左手倒到右手、右手倒到左手，只是觉得这个游戏一定很好玩。一问才知道，爸爸和叔叔、伯伯们在下围棋。也许是因为好奇贪玩，也许是上天赐予的某种机缘，我便经常缠着父亲教我下围棋，谁知从此一发而不可收。一个"瓷娃娃"便被"木狐狸"给彻底迷住了。

　　"文化大革命"时期，景德镇的围棋活动开展得并不普及。下棋的人主要包括知识分子、老师、文化界人士及原来祖父辈为书香门第的子弟。在我的记忆中，和父亲经常下棋的棋友们有熊乐缪、孙明安、肖杰、朱登福、颜郭寄、王宜男、宋天顺等，后来又陆续加入段万雍、沈小牛、万良鹏，他们或是老师或是文化馆馆长，或是公子哥。大都是因为个人爱好和兴趣凑在一起，以棋会友，一下一整天或通宵，其乐无穷。

1975年左右，父亲得过2—3次全市围棋冠军，同时期也是景德镇市乒乓球冠军，是名副其实的双料冠军，加上他的书法在市里小有名气，被朋友们戏称为"才子"。他在自娱自乐的过程中顺带教会了我下棋，当时的目的也只是让我安静下来，开发智力而已。然而，在父亲的严厉监督和叔叔、伯伯们的指导下，我从最简单的"气"开始，到一局棋的复杂对杀、精细的收官；从一无所知，让九个开始升降级，一直到与父亲及孙明安、肖杰等叔叔、伯伯们平子对下，不足9岁的我仅用一年时间便大有赶超他们的势头。这样的进步速度让这些下了一辈子棋的叔叔、伯伯惊呆了，一致认为我是一个下棋的好苗子，应该好好培养。

在少儿时代的学棋过程中，让我记忆深刻的是和我下棋最多的熊乐缪伯伯（已故），他是区文化馆馆长，才华横溢，琴、棋、书、画样样在行。那时，熊伯伯一有空闲便来找我"杀"上两盘，因为熊伯伯的棋风甚是凶悍，我经常招架不住，最初杀得我片甲不留、尸横遍野，所以我最怕的就是他。一见熊伯伯来了便躲起来，想溜。实在没办法，就硬着头皮下，局势一不好，便假装肚子痛上厕所，然后开溜，把熊伯伯一个人晾在那儿苦等。

1975～1980 年，由于市体委群体群科长曹熙同志也喜爱下围棋，所以大力推广围棋项目，举办了多次全市范围内的各种围棋赛事，自 1977 年开始，我便参加市少年围棋赛，直至 1983 年共 7 年，每年市围棋比赛少年组冠军便成了我的"专利"。从 10 岁至 16 岁，从无悬念。而景德镇成年围棋 20 世纪 80 年代初则进入了一个群雄争霸的时代，其中老一辈冠、亚军余高盛、肖杰、孙明安等的余威尚在，新一代高手段万雍、沈小牛、向正寿等又已崛起，从此冠军轮流坐，没有一统江山的人物了。20 世纪 70 年代末到 80 年代初是景德镇棋坛非常热闹的时期，至今回忆起来甚是愉悦。而这其中的一大亮点便是我迅速成长带给大家一种信心和饭后美谈。

在我之前，景德镇市代表队在围棋竞赛项目中处于江西省的中下游水平。在历年来江西省的成年、少年围棋锦标赛中从未获得过前 6 名，更别说冠、亚军。这种被动、尴尬的局面被我一举击破。1978 年在抚州市举办的江西省少年围棋锦标赛中，我第一次代表景德镇参加比赛，那时候少年比赛不分组别，只要年龄在 17 岁以下均可参加。我当时只有 10 岁，记忆中，只输给了 17 岁即将超龄的赣州地区队的钱续华，获得亚军。自 1979 年后，每年江西省举办的全省少年围棋比赛（17 岁以下、10 岁以上为少年组），冠军非我莫属，一个景德镇"瓷娃娃"的专属，连续 6 年蝉联江西省少年围棋冠军。所以，当每年景德镇市组队参加江西省棋类赛事，市体委领导们问今年出队比赛的成绩有何把握的时候，我们的领队总是拍着胸脯说：我们力争"保三争二冲一"，其实他们心中都很踏实，笃定我不会有二，更不可能会是三，只有冠军。

正因为在我的稳定成绩发挥的带领下，景德镇少年围棋水平有了长足的进步，并涌现出一批极具潜力的好苗子，例如付光明（1984 年江西省少年围棋锦标赛亚军）、余忠明（我弟弟，1986 年进入江西省围棋专业队）、俞建宇、杨勇等，少年围棋项目于 20 世纪 80 年代中期在景德镇市慢慢地开展起来。

1985 年春天，在当时的江西省委副书记时雨田，省委常委、副省长梁凯轩，以及江西省委党校校长石天行（他们都是痴爱围棋的大棋迷）的亲切关怀下，景德镇市组建了江西省围棋专业队。我有幸成为新中国成立以来，江西省第一个围棋职业棋手，并于当年被保送至河南省围棋专业队进行代培训练，师从时任中国围棋协会副主席黄进先六段。

1986 年，我代表景德镇市成年围棋项目参加江西省第七届运动会，以全胜战绩获得冠军。这是景德镇市围棋项目在江西省历届运动会上获得的唯一一枚金牌。1986 年 12 月 16 日，我进入中国国家围棋队。

往事如烟，光阴易逝，40 年前从瓷都围棋界走出来的我，深深地怀念故乡的棋人、棋事，难忘故乡的山山水水，亲人和培养我的启蒙老师，他们有的已经过世，有的已年逾古稀，但他们的谆谆教导及薪火相传的精神，却永远铭记在我的心中。

往事并不如烟，一直从事围棋事业的我，总是默默关注着故乡围棋事业的发展。进入 21 世纪以来，故乡围棋事业有了长足的进步，特别是近年来，瓷都参加城围联大赛，承办国际、国内的重要赛事及全市少儿围棋普及已经走在全国前列，被中国围棋协会评为"全国围棋之乡"，足以证明瓷都这座古镇神奇的土壤是围棋的沃土。我为有幸成为其中一分子而深感光荣和自豪，当一批又一批的瓷都"棋才"破土而出的时候，我会很欣慰地告诉自己：往事并不如烟，薪火相传，期待未来者。

（本节作者：余忠华，男，围棋职业三段，1968 年出生，江西省景德镇人，现任广东省围棋协会副主席、江门市围棋协会常务副会长兼秘书长。）

第八节 江西棋王"小眼镜"余志明

余志明，业余 6 段，1976 年出生，景德镇棋院副总教练，人送外号"小眼镜"。景德镇围棋一代霸主，江西围棋六冠王，全国业余围棋知名棋手。余志明棋风细腻，形势判断精准，行棋中控制局面能力强大，是典型的业余棋手中的职业风格。

1998 年年底，全国"晚报杯"业余围棋锦标赛《南昌晚报》选拔赛在南昌市举行。景德镇市棋手余志明 5 段惜败于九江赵志伟 5 段屈居亚军，南昌喻平第三。此 3 人组成《南昌晚报》队参加次年 1 月在春城昆明开战的第十二届"晚报杯"全国业余围棋锦标赛。昆明之战，南昌喻平表现神勇，夺得第 4 名，获定业余 6 段。余志明在本次比赛中发生趣闻，第一轮比赛中局余志明起身上洗手间，回座后未找劫材即提劫，对手举手提出异议，裁判按照围棋比赛规则判余志明停一手，终局数子，余志明仅仅小败。

1999 年，第十三届"晚报杯"江西选拔赛在景德镇文苑饭店举行。余志明 5 段勇夺冠军并入选《南昌晚报》队。

2000 年，江西省运动会围棋比赛在赣州举行，比赛共 9 轮，余志明惜败于九江赵志伟 5 段屈居第三名。赵志伟夺冠，亚军是涂青（现为职业二段）。

2002 年以来，景德镇市"迎春杯"棋王赛 13 连霸。

2004 年，由庐山管委会举办的"庐山杯"大奖赛在江西省会南昌举行。此次比赛是当年江西省规模最大、比赛奖金最高的围棋赛事，冠军奖金达 8000 元，参赛总人数超过 100 人，全省顶尖高手悉数到齐。"小眼镜"余志明代表景德镇队以 10 胜 1 负战绩勇夺冠军。

2005 年，江西省"迎春杯"围棋赛在南昌开赛，余志明 5 段一路破竹连胜，最后一轮对阵南昌姜磊 6 段。当日局面异常惨烈，双方各剩不到 1 分钟时间，余志明仍保持细微优势。战至单官阶段余 5 段出现超级失误，居然因为对方打吃没有看见而被提吃 3 子，棋局顿时终止。此局的结果是，当时的抚州冲段少年卢天圣（现为职业二段）第一次夺得全省冠军，余志明获第 2 名。

自 2005 年开始，余志明 5 段连续数年受兖州矿务局邀请作为外援参加全国煤矿"乌金杯"围棋赛。当时全国煤矿系统整体实力最强的队伍是平顶山煤矿队，他们是当年的全国围甲联赛队伍，主力队员有王东亮职业六段、朱毅职业五段等。因此，每年"乌金杯"比赛的团体冠军都毫无悬念地被平顶山煤矿队获得，余志明等奋勇作战，为兖州矿务局连续夺得团体亚军。余志明的个人最好成绩是第 3 名。在多年"乌金杯"征战中，余志明共与王东亮六段对阵 3 局，其中获胜 1 局。

2006 年，全省"晚报杯"选拔赛在南昌举行。这次是江西"晚报杯"的最后一次选拔赛,次年开始采取推荐参赛制。景德镇市代表队余志明 5 段状态神勇,以 11 战 10 胜的战绩夺取冠军,唯一的败局是第 6 轮负于冲段少年单子腾 6 段(现为职业三段)。单子腾,辽宁铁岭人,当时在北京学棋,因为没有北京户口而不具备参加《北京晚报》选拔的资格,所以选择参加《南昌晚报》选拔。比赛中单子腾先后失手于南昌大将姜磊和熊斌,屈居亚军,姜磊第三。

2006 年,"月兔杯"全省围棋赛在上饶广丰举行。余志明 11 战 10 胜夺冠。唯一的败局又是输给东道主月兔队请来的外援、冲段少年单子腾 6 段。月兔队请的另一名外援安冬旭现在已经成为职业四段、征战围甲的国内一线棋手。单子腾开赛 10 连胜,最后一轮败于南昌姜磊,因小分之差而屈居亚军。

2007 年 1 月,第二十届"晚报杯"全国业余围棋赛在广东潮州举行,本次比赛规模庞大,包括澳门等地区都组队参加,参赛队伍达到 70 余支。由于参赛人数众多,本次比赛分两个阶段进行,第一阶段分 4 个组进行小组循环赛,第二阶段各组前 4 名共 16 人进行单败淘汰。代表《南昌晚报》出战的单子腾一飞冲天,小组赛以全胜战绩夺得第一后,淘汰赛连过三关,在最后的决赛中战胜连笑(现为全国围甲主力,国内顶尖一线棋手)首夺冠军,同时获定业余 7 段。余志明在小组赛前半段取得 4 胜 1 负开局有利,无奈之后比赛发挥不理想,最后仅 5 胜 4 负排名中上。《南昌晚报》夺得团体第三的历史最好成绩。

2007 年,"钨业杯"全国围棋赛在宜春丰城举行,本次比赛是"丰城杯"的前身,奖励前 8 名,当年只有 40 余人参赛。最引人注目的是北京道场来了 10 多个冲段少年。景德镇市选手余志明、鄢新平参加了比赛。结果前 8 名被北京道场少年包揽，余志明获第 9 名。

2008 年，江西省第一个正式的全国性围棋赛事——首届"丰城杯"全国业余围棋大奖赛开办，冠军奖金 50000 元，奖励前 16 名。因冠军奖金超过"黄河杯"一举成为当年奖金最高的全国业余围棋大赛之一，一时吸引了全国各地的业余高手和冲段少年蜂拥而来，共计 174 人参加比赛。比赛历时 8 天 11 轮的激烈争夺，来自湖南的冲段少年聂峰林 10 胜 1 负获得冠军。有趣的是，战至第 6 轮时，此前 5 战全胜的聂峰林因为午睡过头，迟到 20 多分钟才到达赛场，被直接判负，对手不战而胜。不过谁也没有料到的是，聂峰林丝毫没受此次意外事件的影响，后 5 轮连战连胜，最终成功登顶，并收获 50000 元冠军奖金。景德镇棋院代表队的余志明表现不俗，7 胜 4 负勇夺第 32 名。排名其后的名将大腕无数，例如，业余四大天王之一、全国冠军王琛 7 段列第 40 名，世界冠军傅利 8 段列第 43 名，世界冠军乔智健 8 段列第 63 名。特别值得一提的是，第 3 轮比赛中，余志明战胜了冲段少年谢尔豪。谢尔豪当年刚好 10 岁，湖北武汉人。4 年之后，谢尔豪即打入首届"百灵杯"世界围棋公开赛本赛并创造四连胜，进入 4 强，连创 8 强、4 强世界围棋最年少纪录，并于 2018 年 2 月夺得第 22 届"LG 杯"世界棋王战冠军，成为中国第 20 位世界冠军。

2009 年、2012 年、2014 年、2015 年，余志明作为景德镇代表队主力队员，为景德镇队勇夺四届"伟梦杯"江西省业余围棋联赛冠军。其中 2014 年，在比赛中战胜全国业余围棋"四大天王"之首、世界冠军胡煜清 8 段。

第九节　瓷都业余棋手简介

一、"60后"棋摊草莽一代

老丫，大名俞金梁，20世纪90年代广场棋摊护法级人物。和一般棋客下棋要让4子。2000年夺得市运动会围棋冠军。

向正寿，20世纪90年代景德镇广场棋摊老板，景德围棋界人称"辣子"，纵横棋坛多年，棋风凶猛，计算力强，擅长搏杀。1984年获全市比赛冠军，1986年获全省比赛第7名，1990年获市运会亚军。

一把伞，大名李应龙，因偏好雨伞定式而得名。20世纪90年代初的景德围棋霸主级人物，曾多次获得全市比赛冠军。

边边，大名邹亮平，因下棋喜好占边角实地而被棋友戏称为"边边"。曾因屡败于李应龙而一怒赴北京学棋，后曾称雄一时。

皮条，大名张通城，护法级人物，棋摊在编人士，全天候值班，相当于副摊主职务。曾获"晚报杯"预选赛第3名，代表江西队出战全国"晚报杯"。

二、"70后"中坚棋手

余志明6段，棋手介绍详见第九章第八节。

郑勇军5段，景德镇学院教授、景德镇围棋协会副主席。30岁学棋，几年间达到全市一流水平，曾蝉联三届江西名人围棋联谊赛冠军。比赛中号称"名将杀手"，却是小将的最爱。

饶文彬 5 段，江西进贤人，毕业于武汉大学。景德镇围棋协会常务副秘书长，景德镇棋院副总教练，景德镇学院特聘教授，《瓷都围棋》主编。棋风厚重、计算深远、擅长攻杀。行棋条理清晰节奏明快。

鄢新平 5 段，景德镇棋院副总教练，多次全市亚军获得者。实战派的典型代表，擅长快棋，最早成名于东西郊擂台赛。

曾景文 5 段，景德镇棋院副总教练。曾获市运会围棋赛亚军。书房派鼻祖人物，前 50 手景德镇第一。一般不"杀"人，"杀"人不用刀。曾获市运会亚军。

邱战飞 5 段，省内名将，曾入选"晚报杯"江西队成员、伟梦江西联赛景德镇队成员，第一届江西重庆业余对抗赛成员。均衡派棋风代表，2000 年曾成功阻击余志明，开创了短暂的棋界"邱时代"。

徐刚 5 段，景德镇浪漫围棋的代表人物，少年成名，棋风华丽绚烂。赢则完美，败则悲壮。

张胜强 5 段，棋风厚重、务实，后半盘计算精确。

潘志强 5 段，棋风小巧，工于局部，擅长先捞后洗。

三、"90后"名校青年才俊

曹思珺，1993 年出生，大连理工大学本科毕业，英国考文垂大学工业设计硕士。2002 年景德镇市首届少儿围棋锦标赛冠军。

喻竞哲 5 段，1995 年出生，多次获省、市少儿赛冠军，一次全国少儿赛亚军，毕业于厦门大学。

施亚楼 5 段，1996 年出生，国家二级运动员，3 次全省少儿赛冠军，2 次进入全国少儿赛前 8 名，2015 年代表江西财经大学赴台湾参加第二届世界大学生围棋锦标赛获优胜奖。英国布里斯托大学金融学硕士。

翟宇同 5 段，1996 年出生，多次获全省少儿赛前 6 名，现在中国科技大学攻读博士学位。

郑钱 5 段，1998 年出生，江西围棋公开赛 10 强，韩国明知大学围棋教育硕士在读。

傅文栩 5 段，1999 年出生，5 岁入景德镇棋院学棋，现在复旦大学攻读博士学位。曾获全省少儿赛冠军，2015 年全市成人邀请赛冠军。

陈子敬 6 段，1999 年出生，国家二级运动员，现就读于上海财经大学。2 次获全省少儿赛冠军，1 次获全省成人赛冠军，2016 年获福州围棋公开赛冠军。2016 年入北京葛玉宏围棋道场专攻围棋。2018 年 3 月参加上海财经大学高水平运动队测试围棋项目选拔赛获得优胜，享受降分录取政策成功进入上海财经大学。

四、"00 后"自古英雄出少年

刘子为 5 段，2001 年出生，7 岁入景德镇棋院学棋，现就读于复旦大学。

薛溪瑨 6 段，2002 年出生，国家一级运动员，现就读于中山大学，2011 年入杭州围棋学校训练 4 年。第五届安顺"百灵杯"全国少儿围棋公开赛儿童 A 组季军，第十届"伟梦杯"江西省业余围棋联赛冠军队成员，第四届景德镇市

"迎春杯"围棋赛冠军。2017年2月，参加在浙江嘉兴举行的第一届"南湖红船杯"中国青少年围棋锦标赛勇夺U17组冠军，并成功晋升业余6段。2019年7月，勇夺苏州"东郡御酒杯"全国业余围棋公开赛第5名，升为国家一级运动员。同年12月，夺得第2届"汉酱杯"全国业余围棋锦标赛总决赛（名手组）第13名。

龚诚欣4段，2002年出生，7岁入景德镇棋院学棋，现就读于北京大学。

杨诚悦4段，2003年出生，曾获市级围棋赛冠军，现就读于复旦大学。

程楚晋5段，2003年出生，现就读于清华大学。

王璐怡5段，女，2003年出生，江西省第十五届运动会群众比赛项目（社会部）围棋比赛少年女子组亚军。

李之然5段，国家二级运动员。2004年出生，3次获全省赛冠军、2次获小棋王赛冠军。"伟梦杯"江西省业余围棋联赛冠军队成员。省运会团体赛亚军队成员。2014年8月参加全国选拔赛获第3名。2018年获全国中小学生围棋锦标赛第4名，2018年"明月山杯"全国少儿围棋赛亚军。

谭剑峰5段，2004年出生，国家二级运动员。2次获全省少儿赛冠军。2次江西省"伟梦杯"业余围棋联赛冠军队成员。

刘乐阳5段，2006年出生，6次获得景德镇小棋王赛冠军，2014年获第十四届省运会少儿围棋团体亚军，2015年获得"三清山杯"全国比赛第3名，2018年获全国"育苗杯"少年组第7名。2019年8月，获全国"明月山杯"少儿围棋赛少年组团体冠军，个人第2名。

第十章 棋坛故事

第一节 四拍惊棋——记围棋赛事中的趣事

在我国数千年文化传统的宝库中，围棋是光辉闪耀的珍品之一，棋历来被人们与诸多艺术并列，称作"琴棋书画"。在人们的生活中将下棋看作是茶余饭后闲情逸致的事情，以前曾流传一句"饭后一支烟，胜似活神仙；闲暇无事做，下棋来消遣"，那是出自纯粹娱乐的观点。新中国成立以来，棋类活动被列为体育竞技项目，因此得到各省市高度的重视，各地市围棋活动也如火如荼地开展起来。在景德镇这个有着千年窑火的世界瓷都，围棋也不例外，除有景德镇围棋协会、景德镇老干部围棋协会、景德镇老年体育棋类小组，还有棋院、棋社及大小不等的少儿围棋培训班和棋道休闲。这里所写的四拍惊棋就是在比赛中棋友们的四件趣事。

一、一拍咸鱼翻身

1977年，江西省体育局举办第一届全省棋类比赛，各地市体育局非常重视，景德镇更是重拳出击，原因是棋类是重中之重项目，有80%—90%之把握夺全省三项棋类总冠军，故对参赛选手以比赛成绩定夺，也就是前两名代表市队参加全省比赛。由于时间紧迫，对积分编排还不懂，比赛采取分组淘汰制，当时选手15人共分三组，每组取第一名参加决赛，第一组余高盛、第二组肖杰、第三组孙明安胜出。然后由他们三人循环决出前两名。经过抽签，第一盘肖杰对孙明安，双方都是本地围棋爱好者，没有经过专业训练，只是自己"瞎走"，他们当时的战术就是纠缠搏杀，什么大场、布局、打入都不是很懂，一味地追杀，当时胜负的标准就是谁赢子多，当时积分相等就看盘面赢子多少来决定，故而下棋就以吃棋为主。由于这种指导思想就促使棋手拼命搏杀，肖杰和孙明安都铆足了劲儿一开局就纠缠在一起，有断则断，有打则打，整个盘面形势很混乱，双方都错着百出，直到接近收官，肖杰中腹一块棋精被孙明安包围吃掉，已很难反转败局，大势已去，肖杰鬼使神差般随手投了一子在孙明安的虎口位置中，孙明安稍微看了一眼，认为这是一个单官，也就顺手走了个一线大飞，肖杰精神一振，忙说提子，前着投入虎口一子就是叫吃对方的三子，孙应一手则肖败局已定，吃了三子则肖已死之棋全部救活，孙已活之棋两块大龙全死，孙明安控制不了自己的情绪把桌子一拍，整盘棋子都飞跳起来。咸鱼翻身肖杰进入了前两名，孙明安则失去了一次参加省赛的机会。

二、二拍鱼死网破

2000年，江西全省举行第一届老年棋类（象棋、围棋）比赛，景德镇市老年体协进行了相应的选拔，参赛选手必须是男年满60周岁、女年满55周岁，身体健康的能胜任赛事的运动员，分两大组别进行比赛：一是地市组，二是企业组。

191

景德镇市为迎接这次比赛也相应地举行了一次选拔赛，符合条件的选手虽然只有 6 人，但是比赛还是很激烈。比赛采取大循环共下 5 局，肖杰技高一筹毫无悬念地夺得第一名，但是争夺第二名的比赛相当刺激，因为有三名选手积分相同，他们是曹熙、宋天顺、王重庆，当时宋天顺胜曹熙、曹熙胜王重庆，曹熙希望王重庆能胜宋天顺，这样才能循环胜负关系造成积分相同的局面，因此，王重庆对宋天顺一局非常重要。如果宋赢王，则宋第二名，输了则形成三循环局面，三人心里都很紧张，曹熙的命运掌握在王的手里，故希望王能赢，王也希望杀宋，有望三循环争第二名，宋更是想拿下这一局名正言顺获第二名，所以一开局双方针锋相对，火药味十足，互相扭杀打入破眼，互相成空，时间一分一秒地过去，观战的棋友也屏住了呼吸，宋求胜心切，在对方玉柱形下点了"三三"一着，谁知王重庆在"三二"处下子破其眼位，此时宋就此罢手采取潜情收官的手段则稳操胜券，但是他错误地在角下横冲直撞，给对方不少补棋的机会，最后宋把棋一拍，说我不该走"三三"，最终曹熙以第二名的成绩代表景德镇市参加全省比赛。

三、三拍生死劫争

1978 年，国家全面实行改革开放政策，全国出现一派繁荣昌盛景象。"国运兴，棋运兴"。之后，中国棋院在承德举行了第一届全国"离官杯"业余围棋大赛，得到消息后景德镇成立了以肖杰为领队的代表队，肖杰、段万雍、邹亮平、余忠明、钟顺保 5 人赴河北承德参赛。从景德镇到北京坐火车需两天一晚，一路上大家都很激动，也很开心，不少人都是第一次到北京、第一次出远门、第一次参加这样的盛大赛事。开心之余也感到辛苦，为打发旅途漫长的时光，大家只有用下棋来消遣，开始只是互相切磋，轮到邹亮平和段万雍对局时，邹提出要让段三子，段不同意要分先拼胜负，邹提出不让子可以，但要搞点小刺激，段说可以。但是赌注不能等同，邹不假思索地说：那就一翻十吧。当时商定段输了付10元，邹输了付100元，作为领队的肖杰没有阻止，想起此事肖很后悔，不该让他们下赌棋。段和邹棋力水平确实有差距，平手交锋段的胜率几乎为零，但是一翻十的赌注给邹很大的压力。一开始，段连输五局，第六局开始还是邹领先，邹扬扬得意，段苦思冥想后觉得反正输了，不如有断则断，互相扭杀拼个鱼死网破，结果创造出一个宽气劫杀（邹把手一拍"大事不好"），杀到最后没有劫材，段来了个万劫不应的局面，从而扳回一局，得到100元胜金。最后几局由于邹的压力太大，加之旅途的疲劳，结果连输两局损失250元，这就是生死劫争一翻十的故事。

四、四拍群策群力

1978年，江西省第二届棋类比赛在抚州举行，全省象棋、围棋和国际象棋包括少年共有100名运动员参赛，规模之大、人数之多是空前的。景德镇队总领队曹熙，围棋教练段万雍，运动员肖杰、余高盛、少年运动员余忠华参赛。各地市为争夺本次比赛的冠军都铆足了劲儿，景德镇更是重拳出击，赛前先组织各项棋手集中训练1个月，然后组织棋手去上海虹口区体育局、静安区体育局拜师学艺，有不夺总团体冠军誓不罢休的气概。到抚州后，围棋比赛到第三轮景德镇肖杰对抚州名将陈更昌，陈以小林流布局开始，肖杰以中国流布局应对，双方都走得有模有样，没有多大悬念，直到中盘肖杰打入黑地、由于落子三线想就地做活，结果被陈死死咬住不放追杀到底，肖杰一拍桌面大事不好，此棋危险。后悔不该打入黑地，走到165手黑小飞准备杀棋，此时已过12点，裁判宣布封棋（当时没有计时，下到中午12点时必须封棋）。吃过午饭后，双方领队、教练、运动员都不休息，对这盘棋进行分析研究，后面白方该怎样应对，经过反复推敲、反复演变得出结论：一是如果冲出做活只有2目棋、其他子力只是单官，整盘棋必输；二是如果弃子争先围住自己空地，可利用先手优势则还有取胜希望。实战中我们的想法下法和对方研究的成果一致，我方采取了集思广益的下法舍去数子，结果黑以半目之差输棋，我们险胜，事后抚州名将丁国英说："你们的下法和我们研究的一样，这是盘群策群力的斗智，下得好！下得精彩！"

一生当中拍案惊"棋"的故事很多，"棋行天下"让我们以棋为友快乐一生！

（本节作者：肖杰，景德镇市老年围棋协会会长）

第二节　少年队教练的苦与乐

我想在新年到来的时候，写·副春联当作自己的微信签名，并以此送给全市所有的高级班围棋教练：教练员运动员裁判员三员合一，聚人气立风气养杀气一气呵成。不知道有没有人赠送横批。

景德镇少儿围棋向来人才辈出，涌现出一批批在全省拔尖的高水平少儿围棋选手。其中的佼佼者，参考中国围棋的辈分计算方法，小龙辈的代表有：施亚楼5段、喻竞哲5段、翟雨同5段等，这些小棋手不但围棋摘金夺银，而且学业有成，都是少年翘楚；小虎辈的如近年活跃在省市比赛的傅文栩5段、陈子敬5段等也是虎啸山林；至于后面的，我尚以为：豹未出林。所以，全市的高级班教练们还要更加努力，我们的希望是长江后浪推前浪，一代新人换旧人。我们的目标是：业6，景德镇制造！

少年围棋队教练最头疼的事就是给小棋手们找陪练。为此，我们想了很多方法：师生对抗赛、总部分部对抗等。终于，上半年我们发出了"英雄帖"，少年围棋队以棋会友，广邀景德镇各界成年棋友来和少年队小棋手切磋交流。我们得到了10多位棋友的无私支持，为小棋手的实战训练提供了很大帮助。在这里，我们要特别感谢：陶院的占松青棋友、浮梁的屈日新棋友，以及所有指导过小棋手的棋友！

带队参加省赛是让围棋教练心情最纠结的事情。我有一段话也许会成为名言：每一次比赛，都是一次曲折的心路历程；每一轮比赛，都好比一部电视连续剧，悬疑现实片，每一集都惊心动魄。记得5月份省赛上，我在每轮比赛结束之后必须做的一件事情就是点数，点正在流眼泪小孩的数字。赛场哭倒一片，我得先点数，然后再一个一个安慰、鼓劲。现在，我想告诉所有学围棋的小朋友：莫斯科不相信眼泪，围棋比赛更不相信眼泪。赛场就是江湖，是靠剑说话的地方。12月省赛，从第6轮开始好消息不断传来：谭剑峰6连胜提前升段，第7轮刘子为、第8轮汪刘泓哲提前升段。最后一轮生死大战，全场教练、家长几乎屏住呼吸，所有眼睛都盯着广南学校四楼的走廊，每个人都试图从刚走出赛场小孩的身姿判断比赛的输赢。此时哪里是考小孩，完全是考家长考教练。李睿彬妈妈站在楼梯口巴巴地等了1个小时，等到小孩下来的时候，她又赶紧跑开了——她是没有勇气去面对结果……最后一轮，好消息接二连三传来：李铭辉、杨诚悦、李之然胜出。当程盛霖小朋友走出来的时候，一个家长上去问了句"怎么样"，程盛霖怯怯地吐出两个字"赢了"，骤然间围作一团的家长们全高举双手跳了起来，那场景就像庆祝原子弹成功试爆一般。要知道在这一轮，程盛霖小朋友5胜上调对战全场唯一的8连胜选手，而且程盛霖之前比赛的心理素质非常糟糕，这几乎等于被判"死刑"啊！但是他真的赢了，这不仅仅是棋艺的胜利，更是小朋友心理从脆弱变得强大的成长历程。作为教练，我有幸每天都会见证这样的历程。

这次的省赛，我们3个队员升5段、4个队员升4段，总成绩列全省第一，取得了本市近年的最好成绩。我们以"七剑下天山、狂峰九连胜"为标题策划了一个海报宣传。但是，相对于成绩，我们更关注的是比赛中的遗憾：叶也奇小朋友以第11名的成绩与升段失之交臂，李睿彬小朋友一年中连续两次在最后一轮的同班德比中败北，与4段擦肩而过……但是我相信，失败是最好的催化剂，经历的失败越惨痛，今后可能达到的高度就越高。请大家记住这几个名字：叶也奇、李睿彬、陈昊坤、熊俊哲、陆科宇……每一个名字，背后都是一双双家长期盼的眼睛，都是教练肩上一份沉甸甸的责任！

（本节作者：饶文彬，写于2013年）

第三节　棋人棋事杂忆

　　我是从 1985 年开始接触围棋的，我哥大我 6 岁，那时我读小学五年级，我哥哥读高中。一天，我哥和他同学到我家，我记得天气有点热，他们搬来竹床，铺上棋盘，就坐在竹床上下围棋。我也凑过去看，发现棋盘很大，比我小时候下的二打一棋的棋盘大很多，我们以前下二打一棋的时候，是随便捡两种不同颜色的小石子当棋子，或者是用瓜子、花生当棋子，因为每个人只要有 6 个棋子就行了。而围棋的棋子很多，棋子就像一个个小面包，形状大小都相当一致，非常漂亮。当然那时我并不知道他们下的是围棋，虽然站在旁边看过，但是根本看不懂，就对他们的那种游戏不感兴趣，他们下他们的，我玩我的。

　　后来，他们开始教我下围棋，这个人讲一点，那个人讲一点，慢慢就学会了些，但是同他们下，总是被吃个精光，觉得他们真是了不起，太厉害了。再后来，发现棕黄色牛皮纸棋盘的背面有围棋规则，还有一些简单的围棋技巧，看了，学了，再同他们下，虽然不会被吃光，但是活在棋盘上的子还是太少。等他们学业忙起来时，我就不下棋了，因为我当时住在近郊区，周围的邻居没有会下棋的，白天上树掏鸟窝，下河捞鱼虾，晚上出门捉萤火虫，摘一点邻居种的橘子、桃子的玩伴倒是不少。哪儿哪儿都好玩，谁还下棋啊？

　　等他们高中毕业考上大学了，暑假时，家里又热闹起来。一来就是一大群人，有的人打麻将，有的人下围棋。可我同他们年龄差得太多，他们不叫我，我是不会主动去下棋的，他们人够时，我就去外面玩。当时我多少会一点，但没有系统地学，也不感兴趣，他们教我下棋，有的是对棋感兴趣，想收个徒弟；有时是人不够，抓我凑数，过过棋瘾；还有的是下不过别人，找我下棋，体验一下棋高一筹的乐趣。

当时我们初三（1）班鼎鼎有名的围棋三剑客有邱战飞、潘志强和我。在我们之后，还有一些同学在班上属于二流水平，但十几年后最终坚持下棋的只有我们三个人。我与他们两个的棋风还是有些不一样的，我更像是一个淳朴的木讷少年，朴实无华，扎实厚重，长于计算，俗而有力。相对于进攻，我更擅长防守，但情势有利，也不会放过进攻的机会。我们三人下棋互有胜负，在磨砺中共同进步。

那时很多人家里是没有围棋棋具的，我家也没有，我哥的同学来我家下棋，我记得是他们带棋来，下完棋又会把棋带走。有时我哥也会借他同学的棋放在家里，但终究是要还的。不记得是哪一年了，我家终于有了自己的第一副围棋，说是围棋，其实不是买的，棋盘是别人给的深蓝色的塑料棋盘，棋子是瓷器的，大小跟围棋子差不多，白色的，把它正放在棋盘上形状有点像小面包，反过来放，可以发现它的这一面是凹下去的。这副围棋是我哥的同学的，他以前用这个下棋，后来买了棋具就把这种瓷器围棋送给我哥了。这瓷器生产出来是白色的，所以有一半瓷器要涂上黑色油漆，这样就是一半白子、一半黑子了。但是这副棋子并不完整，黑子和白子加在一起不到 300 个，而且时间长了，那涂在瓷器上的油漆是会脱落的，下起棋来不是很方便。自从有了这种围棋，我就养成了一个习惯，只要在路边或是田地里发现了这种瓷器，就会捡回家，洗干净放到盒子里，一个、两个……慢慢地积累，时间长了，棋子也多了些。但是有一个问题，就是捡回来的子都是白色的，于是在我的棋子里，白子的数量就要多于黑子。我印象很深的是小邱、小潘每次到我家下棋，下完棋后，我们的手上就会沾上从棋子上脱落下来的薄薄的大小不一的干透了的油漆。

手脏了没关系，只是可惜了那些棋子，白子放到棋盘上看着很是清晰，黑子就不行了，有的黑子上只面的油漆比较完整，有的黑子上面只有一小半油漆，有的黑子上面只剩下星星点点的几个油漆斑点了。下棋的时候要看仔细才行，否则会分不清黑子和白子。众所周知，我的棋子中白子多啊，黑子用完了，怎么办？那就拿白子充数，把白子翻转过来，将凹陷下去的那一面朝上就可以了，所以我们下棋不光看颜色，还要看棋子的形状。没有涂漆的并且正面朝上的是白子。不管漆多少，只要涂了漆的，就是黑子，被翻转过来，凹面朝上的也算是黑子。没有下过的，还真不适应。

通常黑子不够就用白子来凑，黑子白子都不够了怎么办？这也没有难住我们，下到"弹尽粮绝"时，我们就开始商量，棋盘上哪些子是可以挪用的，比如这个在弯三角处粘上的棋子是可以借用的，那就拿走，剩下的棋形就有一个双打吃，但是要记住那里是有子的，不能再去双打吃。那里几个子被围住，只剩下一口气，先借用下，但要记住实际上是没有被提掉的，那几个死子在棋盘上还是有作用的，虽然它们只有一口气，但它们还紧住了其他棋子的气。下到紧张时，一个人忘记了，另一个人还得提醒对手。遇到要提子时，那就最好不过了，一提子就多了几个子，就可以再支撑几步。不明就里的人若在我们下到中后盘时再来看观看，那是绝对看不懂的，该粘的地方没有粘，该挡的地方没有挡，双方的空中到处是破绽，但又都熟视无睹。平时我们下完棋收棋子时，都要小心翼翼的，不能让原本就粘得不牢靠的油漆再蹭落了。

有一次，我家一个亲戚在我邻居家漆家具，我就找到他，让他给这些棋子重新刷上油漆，我先把那些所谓的黑子上的油漆全都抹掉、刮掉，再数出一半，让它们"重披战袍"。不过有点遗憾，没有黑色油漆，只有蓝色油漆，又不能叫别人专门去买一桶黑漆，只能把油漆颜色调深点，变成深蓝色。要把油漆刷到瓷器上比把油漆刷到木头上困难很多，刷完了，我就把它们放到室外晾干，又不能暴晒，过一段时间，发现被阳光晒到，就把它们挪个位置。

棋子不是正宗的，棋盘也不正宗，别人给的棋盘是那种棕黄色的纸棋盘，折了几次就会开裂，怎么也铺不平坦，下棋时，如果棋子放到折线上，或是放到开裂的地方，那就高低不平。我就找来挂历纸，正面是风景画，反面是白色的，用黑色水彩笔在上面画棋盘。第一次画，没有经验，心里想着 19 路，结果把一条线分成 19 条线段，画了一大半才反应过来，应该把一条线分成 18 条线段才对。好在不缺挂历纸，失败了几次，终于画得比较像了。画得多了，就积累了经验，再画起来就会得心应手，画的棋盘跟印出来的一样。再后来买过蓝色塑料棋盘，下完棋要折起来，比纸棋盘耐用得多。

有一次，我得到了一块木板，就是瓷厂里盛放干坯的那种板子，那些板子大多是长方形的，有一些接近于正方形，我就托人要了一块板子，长比宽略大一些，这块板子是由几块小板子拼成的，小板子厚薄不一样，拼在一起，整体上不够平，但比没有好。我找那个油漆工将板子刷成白色的，然后用圆珠笔在上面画线条，这才有了一块不用折叠的棋盘，用久了，棋盘上面的圆珠笔印会变淡，我就用笔认真地重新描一次，这块木头棋盘一直用到我结婚。因为那时结婚的人大多雇木匠打家具，我让木匠重新做了一块厚厚的棋盘，做棋盘的那几天，我下班回家后不是先看家具做得怎样了，而是先看棋盘做得怎样了，拼合、刨平、打磨、画线、刷漆、晾干，每一步我都会细细地看，生怕做得不够好。这块棋盘做好了，我很喜欢，但是用得少，只有重要对局或是自己打谱时才拿出来用。

棋盒也用过很多种，有铁罐子的，有瓷器的，有塑料的，有藤编的；有装糖果的，有装茶叶的；形状有方形的，有圆筒状的，反正在那个物资匮乏的年代，棋盘、棋子、棋盒都是五花八门。

我在一个亲戚家就看过一种他找人做的棋子，是用机械冲床冲压的棋子，铁的、圆柱形的，比我们标准的棋子要小一些，满满的两盒，挺沉的。那时的我年幼不懂事，看他对我挺客气的，就问他，能不能把这副围棋给我？他微笑着摇了摇头。我当时的想法是他下不过我，围棋对他来说不重要，即使他把围棋送给了我，还可以找人做啊，这种想法现在看来真是幼稚啊！

在一个棋友家我还看过用瓷土做的围棋，因为没有模具，做出来的棋子大小不一、高低不一，形状也不尽相同，但好在那棋子的白子就是纯白的瓷色，黑子是上了釉的再烧烤的土褐色，不像我的棋子是刷漆的，容易掉色。有一年，我外公让我哥去帮他值夜班，晚上是要在值班室睡的，值班的地方离我家不远，是一栋长长七字型的三层楼房，楼房前是一块大大的草坪，我哥带我去了。在那栋楼的职工活动室，我看到了一副崭新的围棋，那时感叹要是自己也能有一副这样的围棋该多好啊！那栋楼建在山顶上，正值夏季，夜深了，很静，可以听到远处断断续续的虫鸣，偶尔可以看到萤火虫。我们睡在顶楼的大阳台上，那时雾霾少，空气好，可以看到满天的繁星，但是深夜的气温很低，等冷得受不了时，就去值班室睡，一边想着那副围棋，一边沉沉地进入梦乡。

后来，一个长辈送我一副围棋，是玻璃围棋，用纸盒子装的，我着实开心了好一阵子，用清清的井水洗净，浸泡，再捞出来晒干。每次下棋、收棋时都很小心，生怕掉地上摔碎了。就算真摔了，只要不碎，缺了一点边边角角也要留着，因为毕竟是用过几年的围棋，棋子数量不齐全。这副围棋直到我读师范时才补充完整，因为我发现好几个师范同学的围棋棋子数量都不齐全，这个人少20多个，那个人少30多个，我想每个人都凑点钱，买一副新围棋，再根据交钱的多少分到相应数量的棋子，这样大家都可以配齐了。

（本节作者：杨晓东）

第四节　学棋回忆

在过去的许多年里，我经常被人问起这样一个问题：为什么要学围棋？用教科书式的回答说，学围棋可以开发智力、有助于思考，以及增强心理素质。这些说法未必都能找到具体的科学依据，但从身边的各种例子来看，它们都合乎情理。如果让我从个人的角度来回答这个问题，我觉得：接触了围棋，你将会看到与众不同的世界。

我很幸运地遇到了我围棋生涯中最要感谢的良师之一。20世纪90年代，景德镇第一中学某中学生因为对围棋的浓厚兴趣，仅通过看棋就慢慢摸索出其中的道理，逐渐打败各位学长的故事广为流传。之后他又凭借不凡的资质与不懈的努力棋力不断增强，在那个网络还未盛行更没有AI的年代多次击败职业选手，被江西的棋迷朋友亲切地誉为"江西三大高手"之一。另外，你可能没听过他的名字，但弈城围棋网上大名鼎鼎的"瓷都景德镇"想必都熟悉。他就是与我对弈总盘数不下几百的余志明老师。当时我还是小学四年级的学生，学业相对轻松，每周都会找时间在父亲的带领下让余老师指导几盘。名师未必出高徒，但严师一定出高徒。如果不是，就说明学生有问题。余老师不仅在棋盘上要求严格，他更看重的是一个学生的对局习惯和态度。下棋时"自战解说"、在棋盘上"钓鱼"（轮到己方下棋时把一颗棋子放在棋盘上，假装要落下的瞬间再拿起来）等盘外着都是绝不允许出现的。棋力是评价一名棋手的重要部分，但棋品同样不可忽视，从某种程度上讲，棋品远远大于棋力。就这样，2009年10月，我在南昌举办的升段赛上顺利升上业余5段。

大概在2010年8月的一天，听说杭州棋院将举办一场招生选拔赛，我抱着试一试的心态就去参加了。最后的成绩虽然平庸得不能再平庸，但由于年龄较小，还是被给予了录取的机会。此时真正地面临着两难：去训练的话肯定不能正常上学，风险太大，成本太大；继续上学的话，有没有可能会失去实现自己梦想的机会？再三思考之后，我最终还是选择了前者。此时像极了电影《海上钢琴师》中无数人怀揣着美国梦而去远方奋斗的场景。9月初，一个不满11岁的少年第一次背井离乡，时至今日，我仍然忘不了初到杭州时的感受，忘不了父亲转身离开时的背影，更忘不了离开景德镇之前那个晚上母亲苦苦劝说我时无奈而不舍的神情。

时间来到高一，奋斗方向依旧按照原计划进行。还记得那个时候余志明老师说过，"如果看见我弈城围棋网在线，你申请我，只要我有空，我们就下。"这就是我与余老师对弈盘数不下好几百的原因。每次下完棋，余老师还会留出时间给我复盘。再强大的棋手，总有一天也会随着年龄的增长而棋力下降，他也许不属于景德镇围棋未来的某个时代，但却为那个时代付出了太多。此外，着重感谢刘丙芦和施卫东等老师为我提供了许多参加比赛的机会。在父母的鼓励与各位老师的帮助下，我高一过得并不朴实枯燥，而是充满了学习与下棋的动力。

人的一生总有几个重大转折点，2016年的一个决定改变了我的人生轨迹。那个时候我已经高中二年级了，即将面临升学问题。听说国内有几所高校每年都会招收极少数的围棋特长生，只不过难度系数很高，不仅要求很强的棋力，对文化课成绩也有一定的要求。了解了大概情况后，我掂量掂量自己，学习成绩勉强凑合，围棋方面距离通过选拔赛却是相去甚远。正巧，年初的时候福建省举行了一场业余公开赛，受福建省业余豪强于浩老师的盛情邀请，去玩玩吧。难得一次，我们一家三口借着放假的机会一起前往福州。比赛的第一天，抱着认真对待每一步棋的心态，连战连捷，然而当时并没有衍生出太多想法，只是觉得再赢几盘就完成了任务。谁知，第二天状态越来越好，优势的棋可以顺利拿下，劣势的棋也能等到对方失误最后逆转。第二天结束后已经六胜，一共9轮，由于我的超高小分再胜两局便能提前夺冠。我当时心理压力倍增，向来容易紧张的我告诉自己：最后关头了，争取稳住。与此同时，爸妈也鼓励我说，好好下就行，我们就是来玩的。最后一天，天微微亮，空气中已弥漫着一丝紧张的味道。开局时双方都很谨慎，好在中盘率先等到对手的失误，顺利拿下第七轮。从事后来看，这个时候已经提前两轮夺冠了，但是当时还不知情的自己并不敢大意，小心翼翼把最后两轮顺利拿下。抱着旅游的心态，在福建还有许多高手尚未到齐的情况下，拿到了省公开赛的第一冠。这时，有几位好友对我说，去尝试一下高校的围棋特长生考试应该大有希望啊！但下了这么多年围棋，我还是有些许自知之明，如果不进行更高强度的训练，仅仅带着如此美好的梦想去参加选拔赛，不出意外的话只能充当送温暖的路人。就这样，我决定暂别校园，去道场接受系统化训练。如果能顺利进入自己理想的大学，当然开心；即使未能如愿，能在围棋方面获得进一步提升，也算是上帝为我打开了另一扇窗。

2016年3月，我自觉背水一战，来到北京葛玉红围棋道场深造。葛老师不必多说，为中国围棋事业的发展作出了不可磨灭的贡献。第一次参加葛道大循环，8胜5负，在当时高手如云的环境下我很满意，毕竟自己初来乍到，还有上升空间。葛道不但出了名的严格，而且十分公正。按照大循环成绩我被划分到 7 组，指导老师是职业二段朱仁坤。在葛道半年，老师们都很公正，对我也很好，但平心而论，朱老师是对我帮助最大的老师，没有之一。道场的孩子都很少在脸上看到发自内心的笑容，他们放弃了学业，承受着巨大的压力，更多的是，每天都要面对胜与负，竞技游戏的残酷在此处显得更加冰冷。我记得，按照常规训练，通常上下午各一盘慢棋。概率论中有个定理，说的是只要样本空间足够大或者试验次数足够多，概率再小的事情也必然会发生。所以，在一段时间内，总会输出去几盘自己觉得不应该输的棋。随着训练时间的增加，看着自己的成绩并未有太大的突破，心情越加浮躁。很多选手在这种心态下对局，一旦下得不好就容易自闭。而我正是如此。但是现在回想起那段艰难的日子，我非常感谢朱仁坤老师对我的帮助。几乎每次输掉万分痛苦的棋，朱老师都会坐到我的对面和我摆一摆棋。不同的棋手有不同的宣泄方式，对我个人来讲，如果有人能在那个时候与我摆一摆棋，一起总结败因，更能给我一种温暖的感觉。对我而言，"良师益友"这四个字在朱老师身上得到了诠释。

半年之后，我明显感觉自己在围棋上有了脱胎换骨的变化，很想继续享受这段艰苦却很有味道的时光，但因为高三再次面临升学问题，无奈于 11 月离开了葛道。

从北京回到家，我成了"无业游民"，几乎很少回学校上课，因为只要有全国大赛，都会报名参加。一切的一切，都是为围棋与学业这个二元生涯的第一个目标做铺垫。刚脱离道场训练的我有些不适应，最主要的原因还是当时实力有限，所以头几场大型比赛下得都不是很理想。转眼间就到了 2017 年元旦，又是抱着朋友聚会的想法去南昌参加南昌"棋院杯"。这一次我终于将自己在北京半年的积累发挥了出来，前七轮 6 胜 1 负对业余选手取得全胜，最后一轮更是出乎意料，整盘棋以顺风顺水的进程赢下了某职业三段。最终幸运地拿到了第三名，成为前六名中唯一的业余选手，也因此获得了代表南昌天强围棋俱乐部参加城市围棋联赛的机会。

大约一个月之后，我顺利通过了上海外国语大学的围棋选拔赛，获得了当地高考二本分数线的优惠政策。我倾尽全力将这一年落下的课程补回来，但现实很残酷，太长时间没有在学校上学，很多以前学的知识忘掉了不少，最后以几十分之差与自己的理想学校失之交臂。

我没有给自己留退路，唯一的方向就是卷土重来。又过了半年"无业游民"的生活，准备算是比较充分。第二年，我再次来到上海，迎接终局之战。我确实感到压力很大，如果今年再次失败，下一年便又不知何去何从。不过我明白一点，那就是自己这几年确实没有虚度光阴，如果尽了最大努力也没成功，那么无论结果怎样，我都欣然接受。记得选拔赛的五盘棋中最艰难的是倒数第二盘，开局便遭到对手大局压制，凭借在葛道深造那半年学到的局面劣势下得死缠烂打，大概是紧张的原因，对手在最后关头不断失误，最后我以 2 目半逆转获胜。算是天道酬勤吧，本以为自己的表现没有达到学校要求的标准，但是最后却被幸运地告知选拔赛通过，接下来需要做的事情和去年一样：达到高考二本线。在占国忠和彭义民两位良师以及其他老师的帮助下，我的文化课成绩突飞猛进，最后轻松达成预期目标，顺利进入上海财经大学。我很开心这么多年的努力得到了回报，同时也告诉自己：我的征途，是星辰大海。

在十余年的学棋之路上，对我个人来说，胜利和喜悦是短暂的，修业之道是漫长的，千年古镇的围棋在曹雄泰书记的关怀下、洪维平主席的带领下、施卫东秘书长的带动下，取得了显著成绩，为了故乡的围棋事业发展，希望各位领导、老师多给我机会，让我尽一份绵薄之力！

（本节作者：陈子敬）

第五节　我在北京围棋道场学习的日子

我喜欢读书，也喜欢围棋。现在在梨树园小学读三年级，我很喜欢上语文老师欧阳菁和数学老师曹菁的课。平常在课余时间，我很喜欢下围棋。

2009年7月，当我第一次到景德镇棋院上围棋课时，就喜欢上了它。2009年10月，我第一次参加了景德镇市的升级段赛，从此懂得了黑白世界的残酷，但我觉得这正是它的魅力所在。2012年12月，我终于升到了业余5段。爸爸认为我应该趁着小学课程不太紧张去北京道场体验一个学期的专业训练，让我的人生有一段美丽而且难忘的经历。这也得到了棋院施卫东院长和饶文彬老师的支持。

2013年3月，我向班主任欧阳老师请假后，来到了北京马晓春围棋道场训练。一般道场的训练都是每6人一个小组，每个月月初打一次大循环，按大循环成绩编组。每个组里6个学员打单循环赛，共5轮，打完后按成绩进行升降组。每一组的前两名升到上一组，每一组的后两名降到下一组。每个星期进行两次升降组。一切都按成绩说话。道场的生活简单又有规律，每周一到周五，上午 8 点半到 9 点半，自修时间，一般是做死活题或打谱。9 点半开始下第一盘棋。都是双方 1 小时，20 秒三次。一开始我下棋都比较快，现在稍微慢了一点，以后争取再慢一点。下午 2 点开始第二盘棋，一般要下到 4 点左右。4 点到 5 点半也是自修。5 点半吃完饭后，6 点半到 8 点半就是职业老师的复盘时间。一般每个人两个星期能复到三盘棋。8 点半到 10 点半又是自修时间，是不是有点枯燥？一开始，每天训练完，倒头就能睡着，后来才适应了一点。

在马道，今年组建了一个少年队，主要选拔 2000 年以后的学员，我由于年纪小有幸被选上了，在没有外出比赛的时候，由职业四段马笑冰老师安排每周二、五的中午 1 点给我们上课。在这里，我学到了很多知识，也养成了很多好习惯。

现在，北京的聂道和葛道合并了，组建成了最大的道场，有 150 人左右，分成了 26 个组左右。再就是马道 30 人左右，野狐 30 人左右，每个月月初的葛道大循环比赛，这些道场都会聚在一起，有时还有职业棋手加入其中，可以说整体水平不亚于"黄河杯"等业余大赛。冠军奖金 6000 余元。比赛共 13 轮，每天 3 轮，上午 9 点、中午 12 点半、下午 3 点半各赛一轮，要比四天半。4 月初，我第一次参加了葛道大循环比赛，才真正见识了其他棋手的强大。238 人，才赢了 5 盘，排第 192 名，我和李真雄初段对弈，结果可想而知。

经过一个月的训练，我又参加了"五一道场杯"，这次老师给我定的目标是比上一次多赢一盘。我在第一天二连胜后，惨遭五连败，其中有两盘棋都是有机会的，最终只赢了 5 盘，没能突破。在 263 人中，我排第 216 名。6 月份的葛道大循环比赛就要开始了，我争取能赢 6 盘，实现新的突破。

在北京的日子里，我感受到了围棋带给我的变化，它让我更加谦虚，知道"人外有人，天外有天"，也让我更加谨慎，知道一旦考虑不周，就会导致失败，还让我变得更爱学习，知道了"宝剑锋从磨砺出，梅花香自苦寒来"的道理。除了围棋，我在北京还去了中国科学技术馆，感受了科技的力量，增长了见识。

（本节作者：李之然，写于 2013 年）

第六节 纠结的围棋升段赛

5 月 17—19 日，2013 年春季江西省围棋段、级位赛如期在南昌市广南学校举行，这也是众多选手多次到南昌市比赛的老地点了，全省参赛棋手共 680 人。17 日下午，景德镇棋院的小棋手们及其家长在领队饶文彬老师的带领下坐 5 个多小时火车来到了南昌，一如既往地住在了离广南学校最近的宾馆——玉兔宾馆，晚上也没有更多活动，我吃过饭，洗了澡便早早地带着果仔睡觉了，准备以充沛的精力迎接明天的首轮比赛。

18 日首轮比赛，果仔对阵总排名 12 的赣州棋院的郭义文，结果以中盘认输早早败北，果仔下来还说"布局相当的好，结果……"气得果爸无言以对，只有调整战略，并进行施压和讲方法。第二轮，胜南昌聂教室的周家琛（总排名 33）。由于首轮败北，上午两轮只打了平手，一胜一负，为让果仔下午有个好表现，我中午带果仔吃了他最喜欢的盖浇饭，早早就逼着他上床睡觉了，我不奢望他得到很长时间的休息，能够眯 15 分钟到半小时就可以了，果仔他睡得很香，下午的形势发展得相当好，第三轮胜南昌尚诚棋艺的罗子华（据说与南昌的曾氏兄弟曾子瑞、曾子荣一起号称"南昌三子"，实力相当强，不可忽视），着实担心了一把，结果出来后，果仔说："赢了，他下棋的时候总是打呵欠，估计是昨晚没有睡好，或者中午玩疯了。"第四轮胜丰城棋院的黄昌奕，黄昌奕也是老对手了，"五一""龟峰杯"两人还对弈过。第五轮胜南昌九品棋院的王明远。第一天，总体成绩不错，虽然没有五连胜，但四胜一负的成绩为明天的比赛打下了很好的基础，为此，我带果仔与班上的陈昊坤、陆科宇、叶也奇等同学一起在麦当劳狂吃了一番。

19 日，按照昨晚与果仔的分析，今天应该对阵九江棋院的伍泽宽或者本棋院的谭剑峰，果仔说："如果对阵伍泽宽，胜的概率会大一点，对谭剑峰胜的概率会小一点。"但按昨天的成绩，谭剑峰只有 6 分，对弈的可能性不大，那就是老对手伍泽宽（与果仔大小分一样，因胜果仔总排名第8）。果仔又这样说，果爸顿时紧张起来，记得上一次对伍泽宽，他也这么说，没有充分认识到他人棋力的提高，肯定会轻敌，果爸严肃地与其交流，提醒果仔不要忽视对手，对老对手更要做充分的准备，稳扎稳打，多计算，多点冷静。结果还是败走麦城，果仔哭得不行，借此机会，我狠狠地批评了他一番，同时不停地鼓励和施压。第七轮排名第五的南昌九品棋院的辜汉博，实力很强，第六轮胜了景德镇棋院的一号种子选手杨俊飞，果爸想这盘肯定糟了，下午的压力将会很大，结果果仔挺争气，赢了。

这盘棋是最让果爸引以为傲的，如果参照杨俊飞的实力，果仔应该不是其对手，由于果仔的超常发挥和对手的轻敌，让果仔找到机会，开局不到半小时，果仔一条近50目的大龙被屠，果仔曾经想中盘认输，但没有放弃坚持下来，下到中盘的时候，一点目相差20多目，又想放弃，结果又坚持下来，果仔一句"如果还中盘认输，对不住老爸"让果爸差点流下眼泪。按果仔的评价，最得益于对手轻视，第一条大龙被屠时，对手就对旁边的人说，你看，我杀了一条大龙，对手完了，到中盘时又说我赢定了，骄傲自满是对弈中棋手的天敌，结果被果仔奋起直追，猛追猛打，赢了强有力的对手。上午成绩又打了个平手，总成绩7轮5胜2负，按照20%的升段比例，52个人前10名升段还有很大的机会。昨天中午的良好休息带来的效果，对今天中午来说自然不肯放过，由于上午第二盘棋体力和脑力都有极大的超支，果仔相当疲倦，说很想睡上一觉。睡到12点半，起床后退了房，我又带果仔吃了他喜欢的盖浇饭，便来到广南学校，按照围棋大师吴清源打坐的方式，静等第8轮比赛开始。

第8轮比赛，对阵南昌聂教室的何习扬，这盘棋果仔由于经验不足，优势盘面超时负非常可惜。如果果仔这盘赢还有后面赢，大分14分的成绩，还有小分上的优势进入前三的可能性极大。

第9轮对阵抚州棋院的熊嘉华，经过激烈的争夺，果仔非常幸运地赢下最为关键的一盘棋，最终虽然以9轮6胜3负，排名第9的成绩定到了5段，由于这盘棋下的时间太长，我们没有赶上5点钟的大巴，最后搭了一个家长的车返回宾馆。

回来的途中，正如与饶老师交流的那样，无论5段是否取得，南昌的比赛都是相当有意义的，让果爸最为得意的是果仔第 7 轮的不舍弃不放弃，这说明果仔在逐渐地战胜自己，这对果仔的围棋之路将有极大的转折，第 8、9 轮比赛也为果仔积累了经验，但同时暴露了他心理上不成熟和缺乏比赛经验的弊端，果爸认为，这些将比取得 5 段更为宝贵。

棋院此次南昌比赛参加升段的小朋友们，最终取得了 1 个 5 段、4 个 4 段的好成绩，也有一些原本相当看好的同学，这次南昌之行发挥得不是很好，没有完成使命，很是可惜。同时，按照省赛规则，果仔在取得江西省 5 段后不能与他们一起再参加全省的升段赛。

最后，衷心祝愿班上的其他同学在后面的升段中取得更好的成绩，为景德镇争光！为棋院争光！早日实现自己的梦想！

（本节作者：李涛）

第十一章　陶瓷文化与围棋文化

第一节　围棋元素瓷器鉴赏

围棋元素瓷器鉴赏，如图 11-1 至图 11-23 所示。

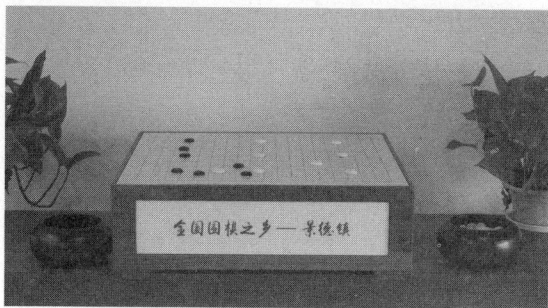

图 11-1　景德镇独创陶瓷棋墩

图 11-2　书法《围棋赋》笔筒，作者汪建农

图 11-3　围棋元素陶瓷摆件

图 11-4　陶瓷雕塑

图 11-5　陶瓷摆件小猪存钱罐

图 11-6　青花对弈瓶

图 11-7　陶瓷雕塑《仙人对弈图》

图 11-8　仕女弈棋图瓶

217

图 11-9　粉彩瓷板画《兰闺雅集图》

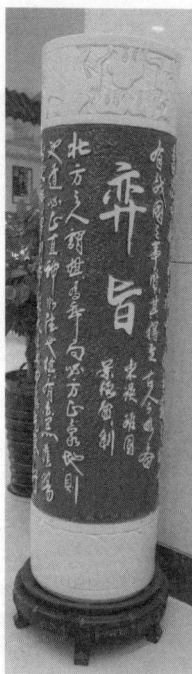

图 11-10　陶瓷箭筒《弈旨》

图 11-11　围棋十诀大缸

图 11-12　颜色釉瓷板画作品《对弈》

图 11-13　陶瓷摆件《民国风》

图 11-14　围棋元素茶器

图 11-15　瓷盘《松阴雅集图》

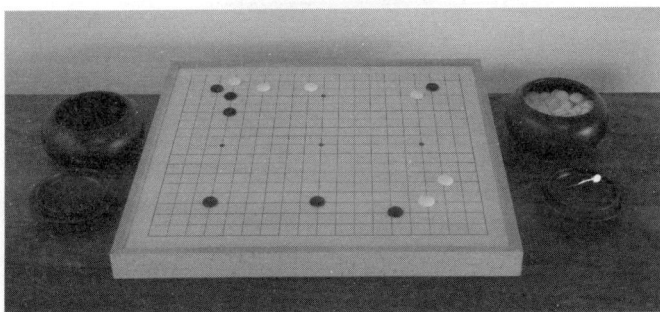

图 11-16　陶瓷材质围棋盘

图 11-17　童子对弈图瓷瓶

图 11-18　粉彩瓷瓶《竹林七贤》

图 11-19 弈字杯

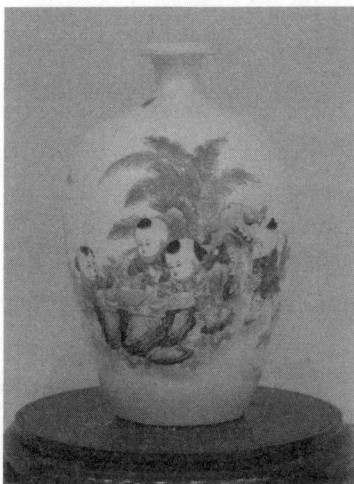

图 11-20 童子对弈图瓷瓶

图 11-21　瓷板书法作品《棋如人生》，
作者：赖德全，中国工艺美术大师

图 11-22　民国时期围棋画面瓷茶壶

图 11-23　民国时期红楼弈棋画面瓷缸

第二节　与棋结缘的陶瓷大师余晨洲

余晨洲，1964 年生于江西景德镇，艺名凡夫，美术专科学历，如图 11-24 所示。著名陶瓷艺术家，江西省陶瓷艺术大师，江西省高级工艺美术师，景德镇市围棋协会副主席，围棋业余 3 段水平。

图 11-24　余晨洲

225

主要作品：为中共中央警卫局大厅设计绘制《万里长城》；为广东省博物馆绘制《井岗春色》《黄山盛夏》《匡庐秋韵》《泰山冬瑞》（每块高度均 3 米，目前是世界上最高的 4 块瓷板画艺术珍品）；为九江新火车站候车厅设计绘制《匡庐景》；为景德镇西客站候车厅设计绘制《中国瓷都——景德镇》。参与创作了由江西省文联策划的巨幅通景式釉上瓷板画《锦绣中华》（56 米×1.6 米）；参与创作了由江西省文联创意、指导，景德镇市文联策划、实施的 27 块大型瓷板长卷《星星之火可以燎原》（70 米×1.3 米）。

多件作品被各大博物馆及海内外人士收藏。中央电视台等新闻单位对他作过专题报道，2012 年出版个人作品专集《余晨洲陶瓷艺术作品精选》。

余晨洲大师钟爱围棋，绘制了众多围棋题材陶瓷作品，为推广围棋、促进围棋文化和陶瓷文化结合作出了许多贡献，如图 11-25 至图 11-28 所示。

图 11-25　余晨洲大师作品：新彩瓷板画《三贤雅集图》

图 11-26　余晨洲大师作品：青花瓷板画《昌江对弈》

图 11-27　余晨洲大师作品：青花瓷板画《三贤图》

图 11-28   余晨洲大师作品：大型瓷板画《惠风和畅》

第三节   徐国琴大师：为棋圣聂卫平 60 大寿创作陶瓷作品

2011 年 8 月 17 日晚，北京东三环一家餐厅，中国棋圣聂卫平请来近 300 名嘉宾与他共度 60 岁生日，他两个在国外的儿子孔令文和聂云青赶了回来，还有他多年的老友以及弟子们一并出席。聂卫平夫人兰莉娅带着 7 岁女儿聂云菲在外边招呼宾客，聂卫平则坐在靠里边的主桌上，著名笑星梁天担任此次生日晚宴的主持人，与他同来的还有影星谢园。酒尚未过三巡，巨大的生日蛋糕被推出来了，在聂卫平众多的生日礼物中，有一件是来自江西景德镇市的陶瓷作品《棋天大圣》釉下彩寿桃瓶，格外引人注目，如图 11-29 所示。

**图 11-29　徐国琴大师为棋圣聂卫平 60 大寿
创作的陶瓷作品《棋天大圣》釉下彩寿桃瓶**

这件瓷器器型优美，形体巨大，发色明快，色彩鲜艳。寿桃在中国古代神话传说中，王母娘娘种的桃树三千年才结一次果，名曰"蟠桃"，吃了可以长生不老，因此人们把桃子又称为寿桃。徐国琴老师作为这件作品的创作者，以寿桃为主题，硕大的桃子象征着某项工作、某项事业的成功，乃至一种辉煌。这种辉煌是一个时代性的，是不可重复的，是前无古人后无来者的。这是棋圣一生经历的结果，这个果是那样鲜美，那样艳丽。而九桃则代表了"硕果累累"，庆贺棋圣所培养出来众多优秀的弟子，他们为中国围棋走向世界巅峰打下了坚实的基础。聂卫平对大家的光临致谢："今天朋友们一起前来为我过生日，感谢大家！也感谢徐老师！为我精心创作了这对精美的瓷瓶，围棋是我的至爱，这对瓷瓶也将是我的至爱，围棋、瓷瓶会给我以后的生活带来快乐！

感谢大家！"

"棋天大圣"釉下彩寿桃瓶的创作者徐国琴，女，1966年出生于江西景德镇，江西省陶瓷艺术大师、江西省教授级高级工艺美术师、非遗传承人、国家用瓷办公室首席设计师、中国工艺美术学会理事、景德镇美术家协会会员、景德镇女陶瓷艺术家协会理事、景德镇陶瓷职业技术学院客座教授、"青花大王"王步第三代传人，如图11-30所示。

图11-30　徐国琴

徐国琴大师陶艺生涯主要成就：2014年青花釉里红《童趣》瓶在第27届中国北京国际礼品工艺品展览中荣获金奖、2014年釉下五彩《风生水起》瓶获第4届"大地奖"金奖、2013年《大寿图》瓶在第15届中国工艺美术大师精品博览会荣获金奖；2020年作品《高歌大庆》被江西省工艺美术馆收藏、2017年作品《花开富贵》被收藏在北京雁栖湖国际会议厅主会厅、2015年《富贵长青》被首都博物馆珍藏；2017年作品《富贵吉祥》瓶参加德国慕尼黑德意志博物馆展览；2022年作品《高歌大庆》镶器在中国华裔国际拍卖有限公司拍卖、2014年作品《童趣》镶器在中国嘉德国际拍卖有限公司拍卖；2012 年出版《当代陶瓷艺术家档案（第一辑）徐国琴》（江西人民出版社）。

图 11-31 和图 11-32 为徐国琴大师的两幅作品。

图 11-31　徐国琴大师作品：《童子对弈》瓷瓶

图 11-32　徐国琴大师作品：瓷板画《牡丹图》

第四节　赵明生大师以棋悟道

　　赵明生，男，1957年出生，浙江绍兴人，师承其父著名陶瓷艺术家赵惠民老先生，江西省工艺美术大师，中国工艺美术家协会会员，江西省美术家协会会员，江西省高级工艺美术师，江西省工艺美术系列高级专业技术职称评委，历任市政协委员、九三学社市委委员，就职于景德镇市陶瓷研究所，如图11-33所示。

图11-33　赵明生

　　赵明生大师曾承担美国布莱普德世界彩盘中心"中国风光"系列、日本东京上野《四季繁荣图》壁画、中共中央组织部收藏瓷《高山流水觅知音》、香港回归《牡迎紫归》圆盘、香港文物馆96米长大型壁画《洛神赋图》、中国科学院、工程院院士珍藏瓷《井冈山五指峰》等重大项目创作设计。他的作品在国内专业陶瓷艺术展评中获奖数十项，并赴美国、日本、印度尼西亚、新加坡等地展出交流，在《中国美术全集》《世界陶瓷艺术家作品精萃》《中国陶瓷》，美国《星岛日报》、日本《朝日新闻》等书、报刊物均有专题介绍。

　　赵明生大师酷爱围棋，弈棋之余致力于从棋理棋道中领悟陶瓷艺术之道、创新之道、人生之道，创作了大量以围棋为素材的陶瓷作品，为围棋在景德镇陶瓷艺术界普及、推广作出了较大贡献，如图 11-34 和图 11-35 所示。多次参加围棋国手、世界冠军莅景接待并现场挥毫献艺。

图 11-34　赵明生大师作品：新彩瓷板画《林泉高士图》

图 11-35　赵明生大师作品：新彩瓷板画《松阴雅集图》

第十二章　景德镇市围棋文化交流中心

景德镇市围棋文化交流中心坐落于景德镇市体育中心，2015 年年底投入使用，中心使用面积 1260 平方米，分为接待室、中小型对局室、荣誉室等，集办公、接待、比赛功能于一体，中心具有浓郁的陶瓷文化气息，如图 12-1 至图 12-10 所示。中心先后接待了国内外围棋同仁学习交流四十余批次。

中国围棋协会主席林建超、中国围棋协会原主席王汝南以及棋圣聂卫平九段、围棋名宿刘小光九段，世界冠军辜梓豪九段、芈昱廷九段等职业棋手先后莅临参观指导。2018 年 11 月 2 日，江西省原副省长、江西省围棋协会名誉主席洪礼和到中心视察。

图 12-1　景德镇市围棋文化交流中心

图 12-2　大厅

图 12-3　会客厅

图 12-4 大厅对局区

图 12-5 中型对局室

图 12-6　大厅对局区

图 12-7　荣誉展示区

图 12-8　二楼对局室

图 12-9　特别对局室

图 12-10　图书阅览区

第十三章　地方围棋活动

第一节　乐平围棋

一、乐平市围棋协会

乐平市围棋协会于 2018 年 3 月成立，选举产生了第一届领导班子，时任乐平市人大常委会副主任石少华任主席，教师进修学校党委书记吴长春、粮食局陈文任副主席，胡建华任秘书长，现有会员 50 余人。2018 年 4 月协办了城市围棋联赛景德镇中药对阵台北华宝盛"城市之星"专场比赛，2019 年 6 月协办了中国城市围棋联谊赛，来自全国 30 个城市的 120 多位棋友会聚一堂，2019 年 8 月承办了中国围棋甲级联赛"乐平成功驾校"专场，2019 年 10 月承办了市政府举办的第一届职工运动会围棋项目，并先后举办了乐平市棋王争霸赛。

二、业余棋手

朱定文，1967 年出生，曾获乐平矿务局第三届青年围棋赛第三名，乐平矿务局第一名，乐平"迎春杯"第二名，景德镇第四届职工围棋比赛第七名，乐平第一届职工运动会围棋比赛第三名。

高兴华，1963 年出生，曾获 2005 年"赣王酒业杯"第二名，2016 第五届全民健身运动会乐平赛区第五名，2019 年乐平市第一届职工运动会围棋比赛第六名。

姚源野，男，1972 年出生，曾获 1996 年乐平市"新华杯"第二名，1998 年乐平市棋类比赛围棋第二名，2006 年乐平市"月兔王杯"第一名，2018 年"LPTV 杯"第二名。

蔡克思，1963 年出生，20 世纪 70 年代末认识围棋，羡慕棋界宗师吴清源先生壮言：到了天上还下围棋。

陈文，男，1970 年出生，现任乐平市围棋协会副主席。曾获 2017 年 12 日迎新年围棋赛第二名，2018 年 1 月第四届"成功驾校杯"第二名。

第二节　浮梁围棋

一、浮梁围棋协会

浮梁自古有兴教之风，唐代就办有县学。南宋时期创办的新天书院、长芗书院，元代创办的双溪书院颇负盛名。"士趋诗书、矜名节"，历代"衣冠人物之盛甲于江右"。浮梁历史悠久，人才辈出，仅明代就涌现出 68 名进士 261 名举人。革命战争时期，方志敏、邵士平等老一辈革命家亲手在浮梁创建了革命根据地。1938 年 2 月，陈毅元帅曾亲临浮梁县瑶里，领导了"瑶里改编"。

在景德镇市围棋协会的指导下，经浮梁县民政局注册批准，浮梁县围棋协会于 2012 年 3 月 8 日正式成立，名誉主席：陈玉元、郑赞辉；主席：吴金发；常务副主席：徐春旺；秘书长：金建秋。协会成员 100 余人。2022 年 4 月协会换届，秘书长由占子权担任。

二、围棋活动

协会以"推进浮梁文化建设，普及与发展浮梁围棋事业"为宗旨，在县城大力开展围棋普及教育活动，并积极组织承办市县围棋比赛。协会组织围棋爱好者，义务为县城数所幼儿园培训围棋启蒙教师，在幼儿园和小学内为县城小学免费上围棋启蒙课，自 2019 年起，浮梁围棋协会选派优秀教师义务为景德镇学院围棋选修课执教。2012 年 6 月 30 日，协会在浮梁县小星星幼儿园主办了首届全县职工围棋赛和全县少儿围棋竞赛。全县各基层单位的 52 名职工，以及来自景德镇市区、鄱阳、乐平等地的 300 余名小棋手，分别参加了职工组、少儿组和幼儿组比赛。县围棋协会名誉主席和县人大、政协、总工会的相关领导出席，并为获奖棋手颁奖，这次比赛是浮梁复县后围棋发展史上的一次盛会。协会成立十余年来，组织全县少儿围棋比赛十余次，浮梁也涌现了不少少儿围棋高手，如吴思阳、宋正昊、徐鑫琨、程书豪、汪崇斌、王诗哲等先后在省赛折桂，并被授予业余 5 段。

三、浮梁业余棋手

浮梁县，始称新平县，唐武德四年（公元 621 年）、天宝元年（公元 742 年）两次改名为浮梁县。置县 1300 年中，两次撤并，三易其名，五迁县治，资料损失严重，有关围棋史料几乎损失殆尽。1989 年浮梁复县，受"聂旋风"的影响，陆续涌现出一批围棋爱好者，自发组织了一些民间围棋竞赛活动，也诞生了一些业余 4 段、5 段的围棋好手。

金建秋，浮梁围棋协会副主席。1986 年自学围棋，曾三次获浮梁民间围棋赛冠军和一次亚军。棋风谨慎，喜欢长考，官子见长，曾有比赛中一步棋思考近一小时，并成功扭转战局的典型战例，自号"金刀公子"。2007 年开办浮梁棋院，为浮梁围棋普及作出了积极贡献。

江志浩，1986 年自学围棋，曾获一次邀请赛冠军和首届县职工围棋赛职工组亚军，下棋讲究棋理，大局观好，转换意识强，自谦"就是三板斧"。

王槐权，浮梁围棋界的一匹黑马，平时不显山不露水，也几乎没参与过围棋活动，2012 年首次在县职工运动会参赛，就在职工组脱颖而出，勇夺冠军，复盘时对棋局的分析头头是道，令人刮目相看。

汪益平、支文军、涂宏斌三人，因象棋技艺精湛，有浮梁象棋"三驾马车"的美誉，20 世纪 80 年代末接触围棋，因有象棋基础，围棋进步飞速。汪益平，算路精深，好扭杀，战斗力强，自号"浮梁大侠"，在浮梁棋手中曾被公认实力最强，只是运气稍差，屡屡与冠军擦肩，有"无冕之王"美称。支文军，大局观强，不急不躁，步步为营，比赛中谁也不敢轻视。涂宏斌，功夫型棋手，酷好实地，善于思考，喜欢脱先。曾获复县十周年运动会围棋组冠军，雅号"涂冠军"。

计钦民，1986 年接触围棋，浮梁才子，才思敏捷，围棋天赋非凡，棋感敏锐，落子飞快，大局观超强，有大竹英雄之风。

金晓明，1985 年读大学期间，受"聂旋风"感召而爱上了围棋，下棋特别讲究棋形，大局观好，喜搏杀，战力颇强，博得"浮梁加藤"之雅号。

　　朱武茂，1986 年学棋，才思敏捷，棋风轻灵飘逸，大局观好，有"浮梁马晓春"之誉。在对弈中往往能下出令人意想不到的"妙手"而致胜。

　　浮梁业余围棋高手还有万景文、黄自清、胡凌、邵正保等。

第十四章　围棋普及

　　景德镇棋院成立于 2002 年，是瓷都围棋教育的开拓者，江西省育苗工程理事单位。负责每年的景德镇市包括乐平、浮梁等周边地市的升级（段）赛、少儿围棋锦标赛、幼儿围棋联赛、围棋精英赛等活动，并多次承办全省、全国各类围棋大赛。

　　景德镇棋院是省内首家"围棋进课堂"师资选派单位，常年担任十余所小学及幼儿园的围棋教学及校队选拔指导工作，20 年来，义务普及人数已逾 5 万。因为有了良好的校园围棋基础，景德镇市少儿强手人才辈出，曾多次获江西省围棋联赛团体冠军、江西省"少儿杯"围棋赛个人冠军、江西省段位赛个人冠军、全国"育苗杯"围棋赛个人冠军、团体总冠军等，所获奖牌不胜枚举。

　　20 年来，已有 22 位世界冠军、逾 50 位围棋国手莅临棋院指导小棋手，王昊洋七段、张立六段等多位职业棋手担任棋院假期集训总教练。

　　景德镇棋院拥有一支棋艺精湛、综合素质高的专职教师队伍，秉承"教棋育人"的宗旨，对每个来学棋的孩子，在棋品、人品、心理素质等多方面进行教育和培养，并自编多套教材，在围棋教学上独树一帜，形成了自己的特色。

第十五章　棋　　谱

图 15-1 至图 15-9 为经典棋谱。

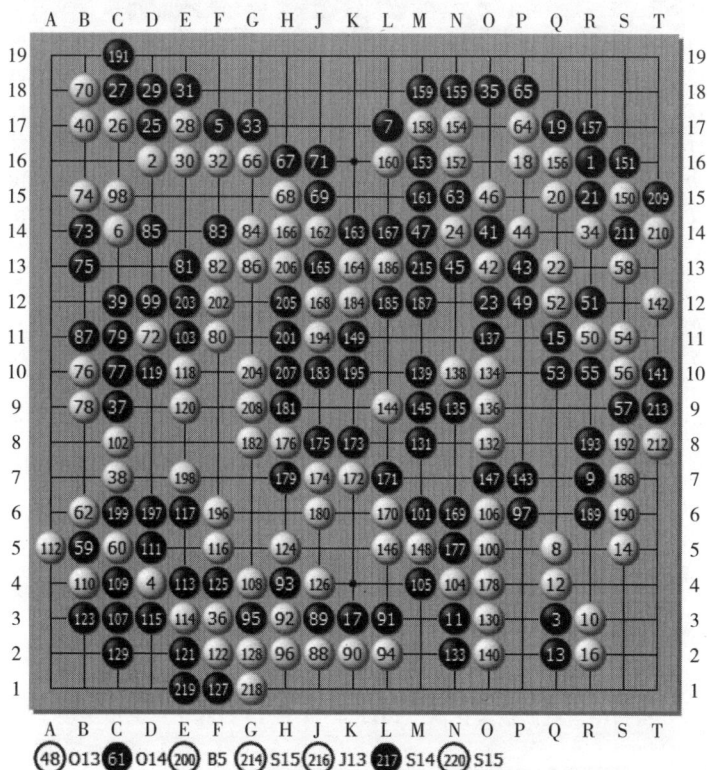

图 15-1　谱一：2017 赛季城围联 1/4 决赛决胜局比赛，景德中药队
持白中盘胜长沙隐智队，2017 年 10 月 23 日弈于景德镇主场

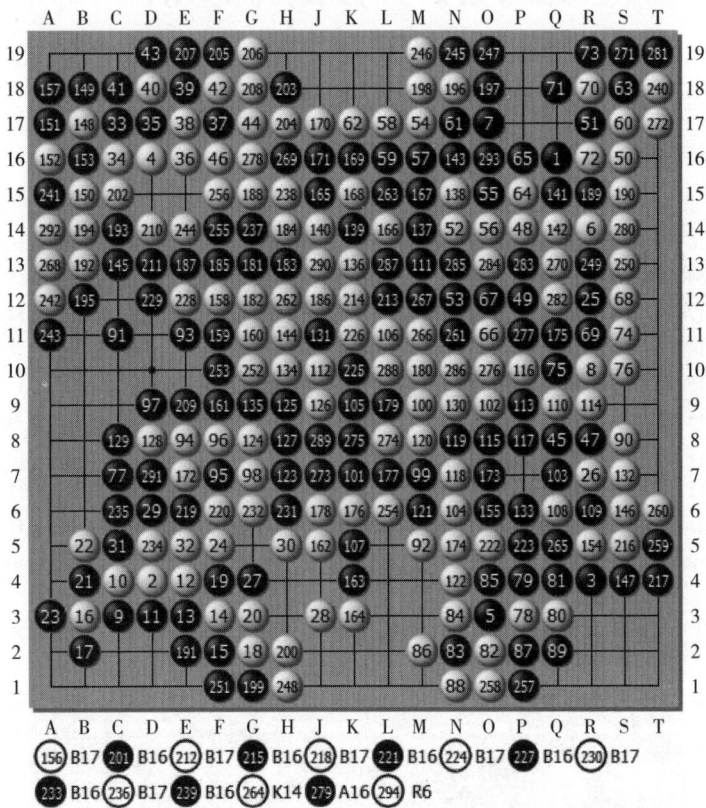

图 15-2　谱二：2017 赛季城围联半决赛决胜局比赛，景德中药队持白中盘胜武汉丰达队，2017 年 11 月 13 日弈于景德镇主场

A B C D E F G H J K L M N O P Q R S T

(88) H1 (234) Q17 (237) R17 (240) Q17 (243) R17 (245) Q17

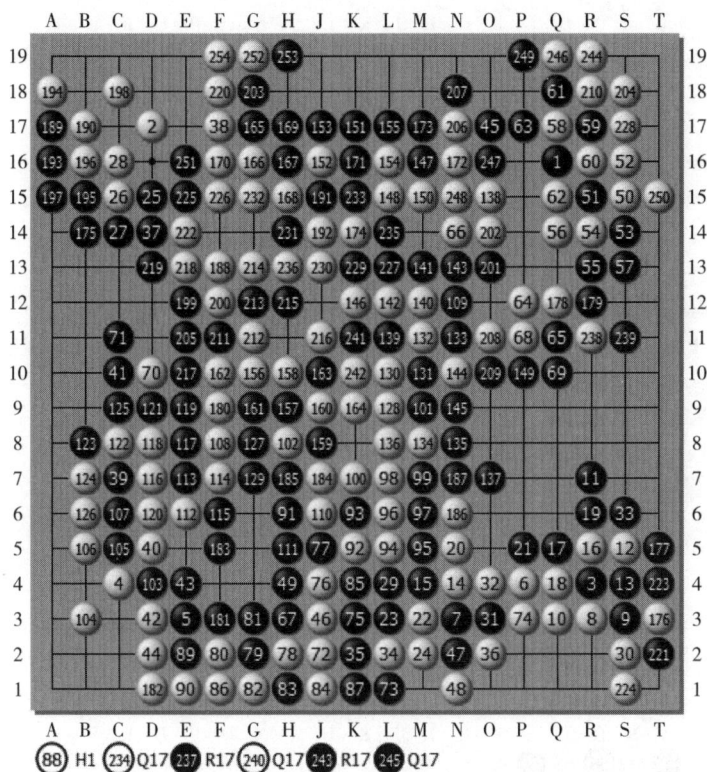

图 15-3　谱三：2017 赛季城围联总决赛决胜局比赛，景德中药队持黑中盘负于衢州弈谷队，2017 年 12 月 24 日弈于成都世纪城国际会议中心

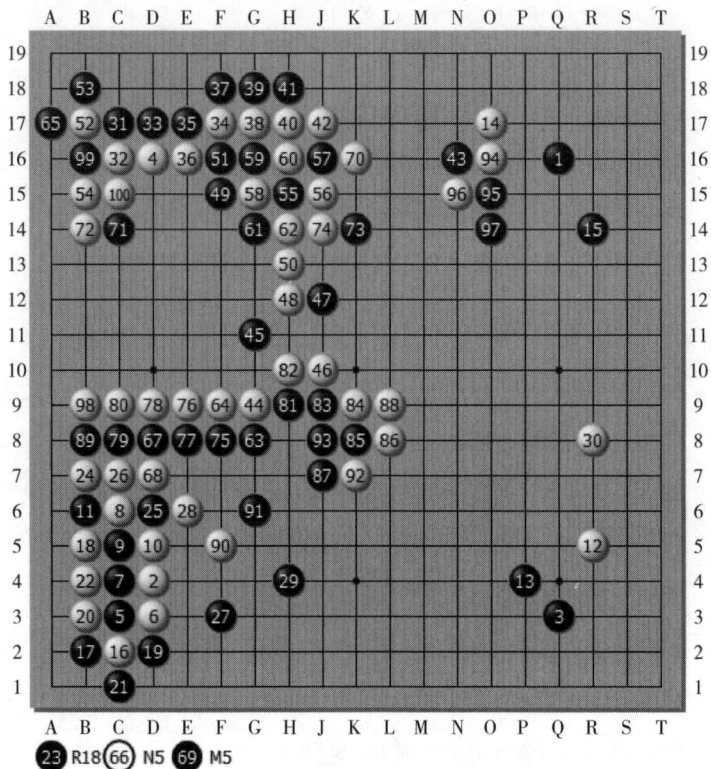

A B C D E F G H J K L M N O P Q R S T

23 R18 66 N5 69 M5

图 15-4 谱四：余志明 6 段执白中盘胜周正心 6 段，

2021 年 12 月弈于抚州，第十六届"伟梦杯"江西省业余围棋联赛

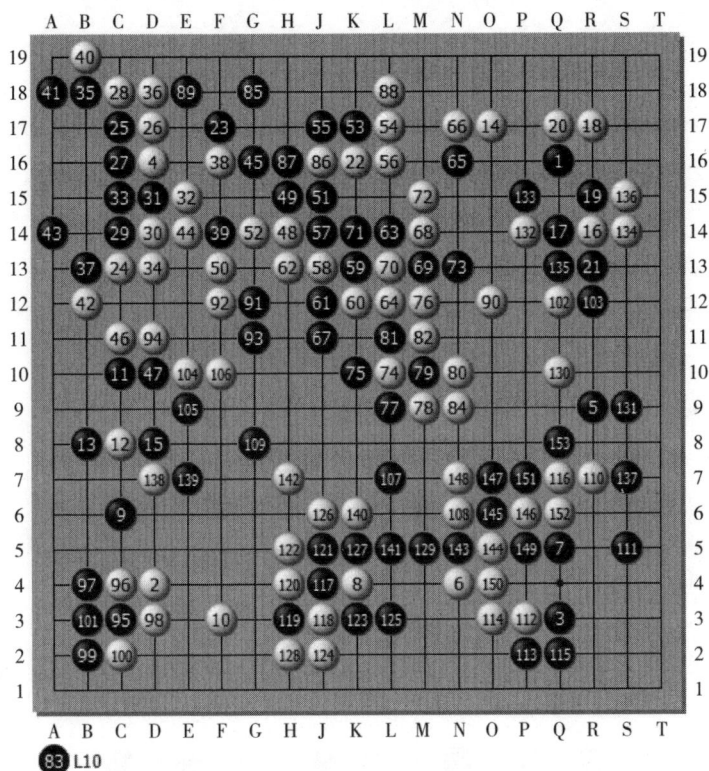

图 15-5　谱五：饶文彬 5 段持黑中盘胜大须贺敏泰 6 段（日本），
弈于 2012 年 5 月 21 日，日本围棋代表团访景交流赛

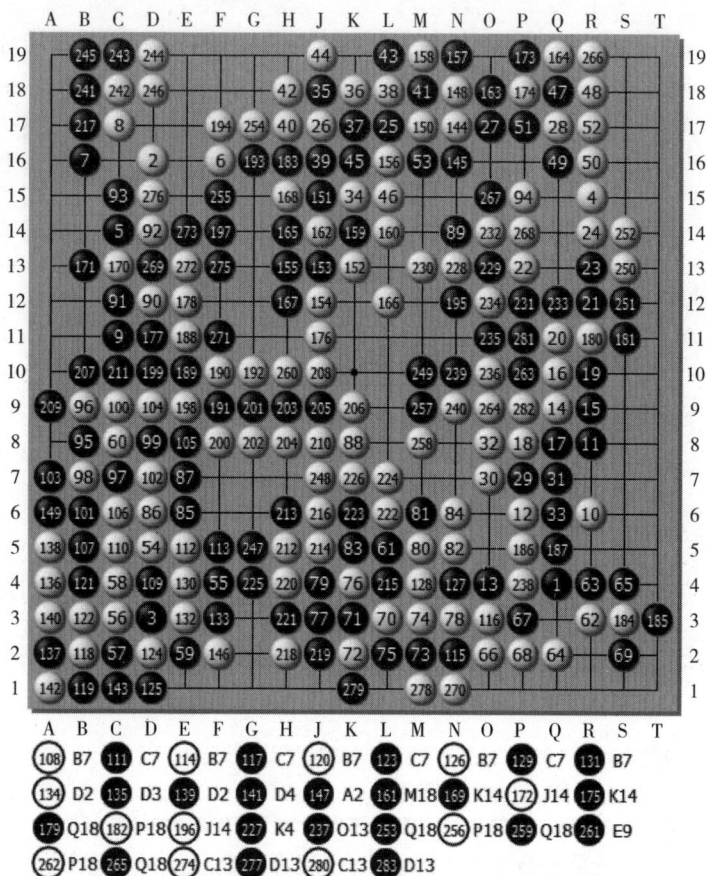

图 15-6 谱六：郑勇军 5 段持黑中盘胜李睿彬 5 段，弈于 2015 年 12 月 11 日，景德镇成人对阵少儿优秀棋手围棋擂台赛最终局

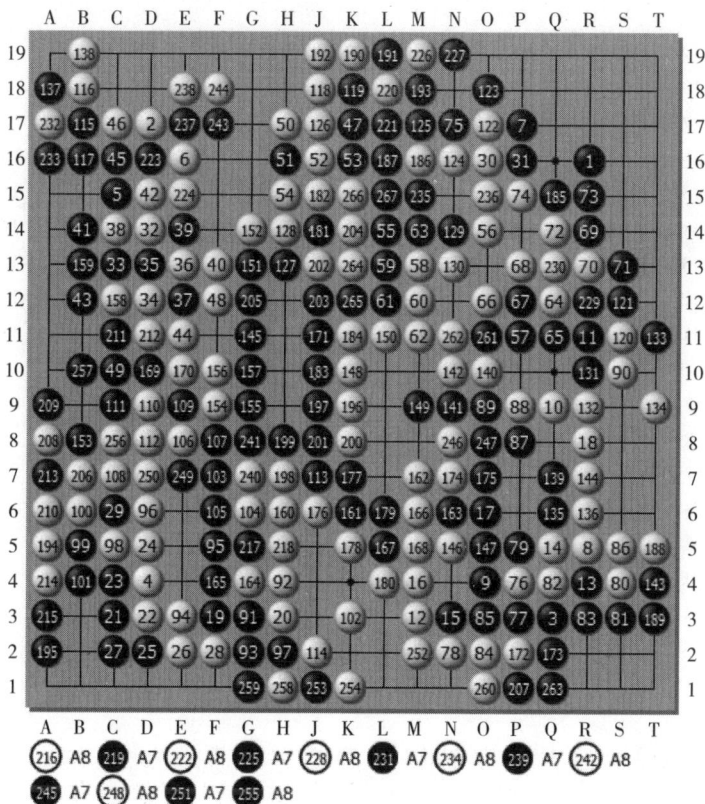

图 15-7　谱七：陈子敬 6 段执白中盘胜刘帆 6 段，2020 年 10 月弈于
甘肃平凉，第 34 届"黄河杯"全国业余围棋公开赛

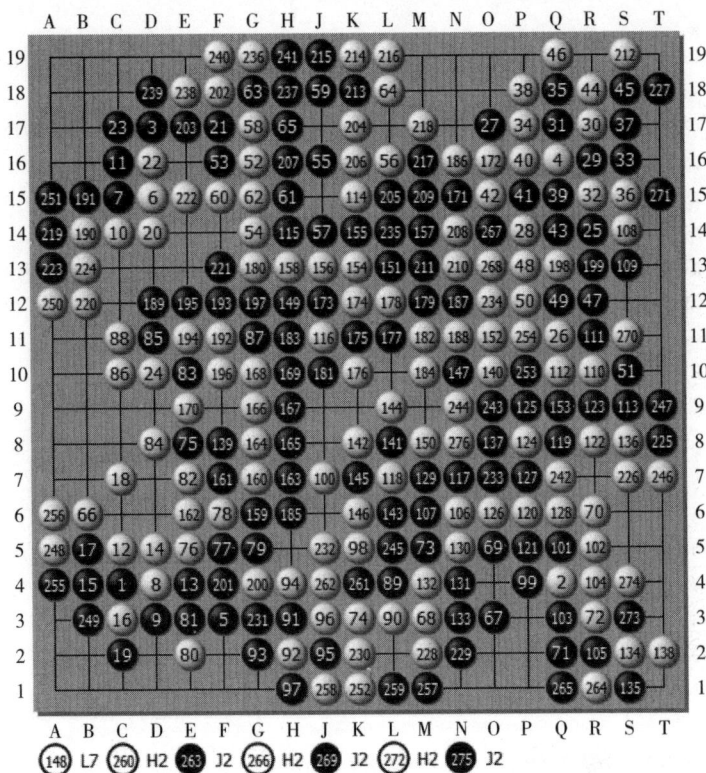

图 15-8 谱八：薛溪琯 6 段执白中盘胜吕立言 6 段（现职业），2018 年 2 月 19 日弈于江苏如皋，第三届"Mlily 梦百合杯"世界围棋公开赛

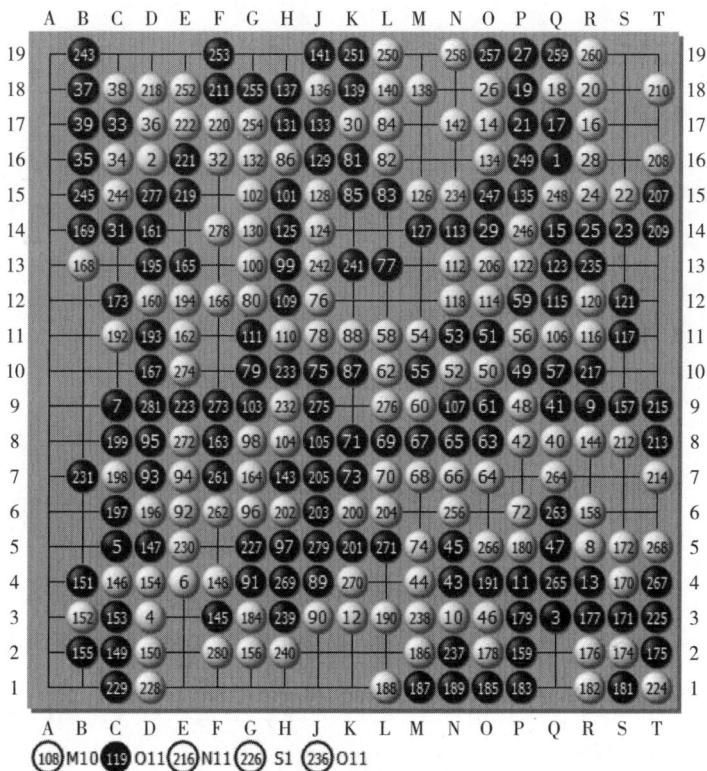

图 15-9 谱九：李之然 5 段执白中盘胜张勇 5 段，2016 年 4 月弈于九江，景德镇对阵九江城市围棋擂台赛第 4 局

第十六章　景德镇围棋大事记

唐代：有围棋子遗存记载，现存中国陶瓷历史博物馆。唐时古村落沧溪，有砌成围棋图案的古街道。

宋代：三贤湖畔的名士与围棋。三贤（佛印、苏东坡、黄庭坚）于浮梁下棋逸事颇多。

元代：1988 年 5 月出土元青花五爪龙纹围棋罐。

明代：才子解缙围棋巧对赢娇妻。

清代：诸仙洞围棋传说。弈风较盛，有朱梦文诗歌为据。

民国时期："珠山八友"王大凡以围棋入画。

新中国成立初期：景德镇的围棋活动开展得并不普及。下棋的人主要包括知识分子、老师、文化界人士及原来祖父辈为书香门第的子弟。

20 世纪 70 年代，成立市围棋活动小组。

1972 年，景德镇市棋类协会成立，办公地点设在珠山大桥下桥洞内。

1973 年，景德镇市第一届围棋协会成立，主席为武厚忠，副主席为曹熙、肖杰、余高盛，秘书长为段万雍，向正寿等为委员。

1975 年，余高盛获得全市围棋冠军。

1977 年，余忠华参加全市少年围棋赛获得冠军。

1978 年，余忠华在抚州市举办的江西省少年围棋锦标赛中获得亚军。

1979年，余忠华在江西省举办的全省少年围棋比赛中夺冠。

1985年，余忠华成为新中国成立以来江西省第一个围棋职业棋手，并于当年被保送至河南省围棋专业队进行代培训练，师从中国围棋协会原副主席黄进先六段。

1985年，景德镇市围棋协会举行"迎春杯"围棋比赛，刘丙芦与李云龙、詹运景并列第一。

1986年，余忠华代表景德镇市成年围棋项目参加江西省第七届运动会，以全胜战绩获得冠军，同年进入中国国家围棋队集训。

1986年，景德镇举办围棋名手邀请赛，参赛要求是历届全市比赛前6名。

1988年，徐葱茏参加景德镇市少年围棋比赛夺冠，程迅获得亚军。

1988年，景德镇组队参加省运会围棋比赛，在全市高手中举行选拔赛，刘丙芦夺冠。

自1989年起，举办全市围棋升级（段）赛。

1997年11月，换届选举产生了第二届景德镇市围棋协会，时任市委副书记张桂生任名誉主席，武厚忠任主席，副主席为林国英、陈玉元、方永红，秘书长为施卫东。

12月，举行景德镇市围棋"名人"战。

1998年4—7月，与江西省围棋协会举行对抗赛。

8月，组队赴兰州参加"黄河杯"全国业余围棋赛，余志明获14名，授5段。

1999年11月，承办"晚报杯"江西赛区选拔赛。

2000 年，选派选手参加"黄河杯"围棋赛。

2001 年 12 月，承办"晚报杯"江西赛区选拔赛。

2002 年 3 月，成立"景德镇棋院"，开启了景德镇市少儿围棋普及之路。

2003 年 4 月，景德镇市教育局下发《关于开展围棋等棋类活动进课堂的通知》。

2003 年 7 月，首次组队参加全省少年儿童围棋赛。

2004 年 7 月，承办 2004 年全省少年儿童围棋赛。

2005 年 5 月，景德镇棋院邀请国手吴肇毅九段来景，这是围棋职业九段首次莅临瓷都。

8 月，举办景德镇市围棋甲级联赛。

2006 年 2 月，换届选举产生了第三届市围棋协会，钟莲生任主席，袁桂花等担任副主席，刘丙芦任秘书长。

6 月，景德镇棋院邀请棋坛泰斗陈祖德九段等十几位国手来景指导。

7 月，景德镇棋院承办中国围棋甲级联赛平煤专场比赛，棋坛泰斗陈祖德九段、国手刘小光九段莅景指导。

2007 年 7 月，景德镇棋院承办全国"华夏育苗杯"少儿围棋赛，是当时江西省承办的最高规格的少儿围棋赛事，中国围棋协会主席王汝南、国手汪见虹九段到会指导。

2008 年 10 月，景德镇棋院承办江西省围棋棋王战暨 2008 年江西省围棋升段赛。

2009 年 5 月，景德镇棋院承办中国围甲联赛"富祥药业"专场——广西华蓝对阵上海移动比赛，世界冠军常昊九段等 12 位国手与景德镇市棋迷见面、交流，刘小光九段大盘讲解。

2010 年 7 月，景德镇棋院承办中国围甲"景迪"专场——广西华蓝对阵北京中信，世界冠军孔杰九段、"龙飞虎"丁伟九段等十余位国手瓷都献艺，陈祖德九段亲自挂盘讲解。

11 月 28 日，换届选举产生了第四届景德镇市围棋协会，曹雄泰任名誉主席，戴洪安、李金有、夏军、汪长毓为顾问，洪维平任主席，俞小平任常务副主席，陈玉元、刘丙芦等为副主席，施卫东任秘书长。

8 岁棋童薛溪瑁赴杭州棋院学棋。

12 月，市围棋协会策划主办每年一届的景德镇市"迎春杯"棋王战。

2011 年 9 月，承接中国围甲"皇隆陶瓷"专场——广西华蓝对阵上海移动，世界冠军常昊九段再次莅临瓷都，著名围棋国手、围棋电视主持人王元八段莅临瓷都现场携手陈盈初段大盘讲棋。

2012 年 4 月，主办首届"瓷都论道·巅峰再现""红叶杯"世界冠军马晓春九段对阵刘小光九段争霸赛，马晓春获胜。王元八段挂盘讲解，中国围棋协会主席王汝南出席。

5 月 21 日，日本围棋代表团一行 10 人来景访问交流并与景德镇棋手举行对抗赛，最后，景德镇队 7：3 获胜。

9 月，承办"金和汇景杯"第六届全国历史文化"名城杯"围棋赛，来自全国包括港澳台以及温哥华、日本在内的 27 个国家和地区的棋手齐聚瓷都。

11 月，承办第七届"伟梦杯"江西省业余围棋联赛，景德镇代表队获团体冠军。

2013 年 3 月，《瓷都围棋》杂志创刊，中国围棋协会主席王汝南亲自题写刊名，景德镇市围棋协会主席洪维平作创刊词。《少儿围棋》编辑部出版发行。每季度出版一期，创刊号发行 5000 册。

3 月 20 日，主办第二届"瓷都论道·巅峰对决"世界冠军"天新药业杯"古力九段对阵李世石九段争霸赛，李世石获胜，特邀刘小光九段携手华学明七段大盘讲棋。

6 月 15 日，承办中国围甲"黑猫"专场——西安曲江队对阵辽宁觉华岛队，中国围棋协会主席王汝南携手陈盈初段大盘讲解。

8 月 21 日，承办第十届"倡棋杯"中国职业围棋锦标赛半决赛，时越、檀啸、连笑、刘星参加比赛，应氏集团董事长应明皓宣布开赛，中国围棋协会主席王汝南携华学明七段大盘讲解。

10 月 28 日，承办中国围甲"开门子肥业"专场——广西华蓝队对阵古井贡酒浙江队，李世石、丁伟、柯洁、周贺玺瓷都对战，马晓春九段大盘讲解。

12 月 11 日，2013 年景德镇市少儿对阵成人围棋擂台赛最终局结束，成人队 8：7 获胜。

2014 年 3 月，承办"景东陶瓷杯"全国业余围棋赛，世界业余围棋天王齐聚瓷都，白宝祥夺冠。

3 月，主办第三届"恒润广场杯""瓷都论道·巅峰对决"陈耀烨九段对阵崔哲瀚九段争霸赛。

3 月 13 日，"陈毅围棋教室"在市实验学校挂牌，中国围棋协会主席王汝南、副市长熊皓揭牌。

10 月，承办中国围甲"城开投"专场——广西华蓝对阵山东景芝酒业景德镇学院专场比赛。四大世界冠军李世石九段、江维杰九段、周睿羊九段、范廷钰九段莅景对战，中国围棋协会副主席华以刚八段讲解棋局并在景德镇学院行政报告厅举行了"论生命在于脑运动"报告会。

2015年4月，20—24日，承办第四届中国围棋文化暨围棋教育论坛，邀请中国围棋协会主席王汝南莅临指导，来自全国42家大中型棋院领头人参会，会议中各棋院对自己的成功经验做了分享，同时对全国围棋教育行业的规范、赛制、教学技巧进行了为期5天的讨论。

11月13日，承办中国围甲"绿地专场"广西华蓝对阵北京中信，李世石九段、陈耀烨九段、柁嘉熹九段瓷都对战，中国围棋协会主席王汝南挂盘讲解。

2016年4月，主办景德镇对阵九江城市交流赛，历时1年，景德镇队获胜。

6月，中国围棋协会授予景德镇市"全国围棋之乡"称号。

2017年1月，承办江西省围棋公开赛。

2月，景德镇市15岁小将薛溪瑶5段参加在浙江嘉兴举行的第一届"南湖红船杯"中国青少年围棋锦标赛，勇夺U17组冠军并成功晋升业余6段。

7月8日，承办城市围棋联赛2017年赛季景德镇赛会，景德中药队、悉尼众弈队、南昌天强国昇队、澳门星云队瓷都交战。

10月23日，承办城市围棋联赛2017年赛季1/4决赛"古镇混凝土"专场，景德中药队击败长沙隐智队进入4强。

11月12日，承办城市围棋联赛2017年赛季半决赛，景德中药击败武汉丰达进入总决赛。

12月，景德中药队获城市围棋联赛2017赛季年度总决赛亚军。

2018年3月，陈子敬5段参加上海财经大学高水平运动队测试围棋项目选拔赛获得优胜，享受降分政策成功进入上海财经大学。

6月3日，承办城市围棋联赛2018赛季"城市之星"专场，景德中药队对阵台北华保盛队。

8月17—20日，承办第21届"育苗杯"全国少儿围棋赛，全国72个城市共720余名少儿棋手参赛，景德镇队获总团体冠军。

9月，景德镇学院开设"围棋与中国文化"选修课，成为江西高校中仅有的将围棋列入学校公共课程的大学，聘请了市围棋协会主席洪维平、常务副主席施卫东、副主席刘丙芦、常务副秘书长饶文彬等为本课程的特聘教授。

11月1日，中国围棋协会授予景德镇市第一小学"全国围棋特色学校"称号，系全国第18所、江西省设区市唯一一所，棋圣聂卫平九段亲临揭牌并不断地夸赞该校围棋活动丰富、校园内围棋气氛浓郁，并勉励孩子们学好围棋，长大后为国家作贡献。

11月2日，江西省人大常委会原副主任洪礼和莅临景德镇市围棋协会视察指导。

11月2日，承办中国围棋甲级联赛"闲云涧·马鞍岭"专场——江西四特酒队对阵 华泰证券江苏队，棋圣聂卫平莅临指导并亲自挂盘讲解，世界冠军芈昱廷九段、辜梓豪九段瓷都对战。

2019年4月30日，承办第十六届中国城市围棋联谊赛，中国围棋协会主席林建超、国手刘晓光九段莅临指导，景德镇棋手刘丙芦、饶文彬分获企业家组、文化名人组金牌、铜牌。

6月29日，承办城市围棋联赛2019年赛季常规赛，景德中药队对阵西安纹枰队。

7月，薛溪瑨6段勇夺苏州"东郡御酒杯"全国业余围棋公开赛第12名，升为国家一级运动员。

9月16日，承办中国围棋甲级联赛"景德镇黑猫"专场——江西四特酒队对阵上海建桥学院队，辜梓豪九段、卞相壹九段瓷都对战。

9月17日，中国围棋协会主席林建超将军莅临景德镇市围棋协会视察指导。

9月，换届选举产生了第五届景德镇市围棋协会，洪维平任主席，施卫东任常务副主席兼秘书长，刘丙芦、余晨洲、徐葱茏、邓慧明、郑勇军任副主席；饶文彬、余志明、金剑秋、胡建华任副秘书长。

9月，成立《围棋与景德镇》编写委员会并召开编委会第一次会议，洪维平任编委会主任，卢明、施卫东、刘丙芦、余晨洲、郑勇军、饶文彬等为编委会成员。编委会第一次会议拟定并通过了《围棋与景德镇》编写大纲。

12月，薛溪瑨6段获第2届"汉酱杯"全国业余围棋锦标赛（东部赛区）第5名，总决赛（名手组）第13名。

2020年1月，举办江西省围棋公开赛，共有108名选手参加，参赛选手来自上海、太原、南昌、鹰潭、上饶、抚州等地，其中有3名职业选手、1名业余7段和4名业余6段，来自山西太原的职业三段选手成家业以全胜战绩夺得冠军。

7月8日，经国家体育总局委托授权和中国围棋协会批准，景德镇学院成为"首批全国围棋师资培训试点单位"。

2021年5月20日至6月17日，市陶阳学校、七小、昌江区实验学校分别举行学校围棋队选拔赛暨一年级围棋团体赛。

5月28—30日，组队赴新余参加"互保杯"江西省职工围棋精英赛。

6月17—19日，组队参加"我要上全运"江西选拔赛，余志明获亚军。

7月23—26日，组队参加"全国围棋之乡"联赛，景德镇队晋级总决赛。

12月13日，第一批"全国围棋特色学校（幼儿园）"景德镇市授牌仪式在昌江区实验学校举办。中国围棋协会原主席王汝南，景德镇市人大常委会主任曹雄泰、市政协主席俞小平等出席了本次授牌仪式。

12月14日，景德镇学院举行"首批全国围棋师资培训试点单位"授牌暨"景德镇围棋文化研究中心"成立仪式。中国围棋协会原主席王汝南，景德镇市人大常委会主任曹雄泰，景德镇学院党委书记李良智，党委副书记、校长陈雨前出席仪式并揭牌。

12月20—24日，组队赴抚州参加江西省业余围棋联赛。

2022年1月1—2日，市总工会举办"迎新杯"全市职工围棋赛。

1月25日，景德镇市教育局专门下文，决定从2022年起，每年举办全市中小学（幼儿园）校园围棋联赛，并对校园围棋从业人员资格提出要求。

6月24—26日，组队赴抚州参加2022江西省第一届成人业余围棋段位赛暨江西省业余围棋6段定段赛，余志明以全胜战绩夺得业余6段组冠军升6段。

7月23日，组队参加在九江经开区举行的江西省第十六届运动会（社会部）围棋比赛。

后　记

2019 年 7 月，景德镇市围棋协会领导到山西大学参加中国围棋协会召开的会议，带回《围棋与景德镇》的编写任务。

编写《围棋与景德镇》的目的是挖掘、整理瓷都有价值、有特色的围棋文化，与景德镇社会、经济、文化、体育的发展相结合，使围棋成为景德镇市的一张特殊名片，成为瓷都与世界对话的又一个窗口。按照中国围棋协会的要求，《围棋与景德镇》定位为五书，即史志书、教科书、工具书、说明书、故事书，包含景德镇围棋的历史、文化、人物、现实发展四方面内容，符合政治、史志、学术、专业、出版五项标准。

接到编写任务以后，景德镇市围棋界普遍感觉压力山大。虽然之前景德镇围棋协会有过编写《瓷都围棋》季刊的经验，但是这和编写《围棋与景德镇》的难度不可同日而语，而且在江西省仅有的两个设区市围棋之乡中，抚州已经作为编写试点单位先行一步，《围棋与抚州》初稿已成并在《围棋与名城》丛书编写工作会议上介绍了经验。更为困难的是，中国围棋协会要求交稿时间为 2019 年 12 月。

时间紧，任务重，市围棋协会没有编书经验，可谓困难重重。面对困难，景德镇围棋人没有退缩，迎难而上选择"逆袭"。当年 9 月，景德镇成立《围棋与景德镇》编写委员会并召开编委会第一次会议，会议决定由洪维平任编委会主任、卢明、施卫东、刘丙芦、郑勇军、饶文彬等为编委会成员。编委会第一次会议拟定并通过了《围棋与景德镇》编写大纲、编委基本分工并规定每周召开一次编委研讨活动。

10月，编委会向全社会广泛发布《围棋与景德镇》征稿启事，在全市范围内征集有关围棋的事件、故事、照片、实物等，瓷都棋友纷纷响应，倾力支持。

2020年年初，突如其来的疫情使得丛书交稿时间延后，这在客观上给予了《围棋与景德镇》更加充足的修改时间。

《围棋与景德镇》编写过程中，得到了社会各界以及广大棋友的大力支持，在此仅略记一二。

中国围棋协会原主席王汝南八段不辞辛劳，亲自作序；景德镇市书法家协会原主席郭立为《围棋与景德镇》题写书名；景德镇陶瓷工艺美术大师赖德全专门为《围棋与景德镇》制作瓷板"棋如人生"；景德镇摄影家协会常务副主席金向东多次为书籍拍摄照片；景德镇首位职业棋手，现任广东省围棋协会副主席、江门市围棋协会常务副会长兼秘书长的余忠华三段于千里之外专门撰写文章怀念景德镇围棋的如烟往事，讲述薪火相传的瓷都围棋；景德镇围棋协会副主席、景德中药股份有限公司董事长徐葱茏于百忙之中亲自写稿回忆自己的围棋人生；景德镇市第六小学副校长杨晓东急匆匆交来自己3万余字的稿件，可惜限于书籍篇幅，最后只能忍痛节选；景德镇市围棋协会多年来留存了大量翔实的文字、图片、档案资料；浮梁县围棋协会查阅海量县志、文献、典籍为本书提供了宝贵的史料，景德镇市古镇混凝土有限公司为本书的出版提供了大力支持……

　　《围棋与景德镇》的成功出版是大家的功劳，在此表示深深的感谢。本书编写过程中，在市情简介部分参阅了相关媒体公开发表的部分文章资料和数据，在此向原作者表示感谢。限于编著者才学水平，书中还有许多不尽如人意甚至错漏之处，恳请广大棋友批评指正，待修订再版之时一并予以更正。

编著者

2022 年 9 月于景德镇